特別支援教育キャリアアップシリーズ③

特別支援教育の カリキュラム開発力 を養おう

授業を「深める」ことのできる教師になる

湯浅恭正・新井英靖・小川英彦・高橋浩平・広瀬信雄編著

黎明書房

はじめに
──キャリアアップの視点・本書の活用の仕方──

　この「特別支援教育キャリアアップシリーズ第3巻」は，特別支援教育を10年以上経験されてきた先生方に，授業づくりの実践をさらに発展させ，カリキュラム開発を進めるためのポイントを示したいと考え，編集しました。

　障害のある子どもたちにとって望ましい授業とは何か，学習内容と指導方法のポイントは何かについて，豊かな経験を生かして指導してこられた皆さんと共に，改めて，授業づくりとカリキュラム開発の課題を探りたいと思います。

　毎日毎日，日本全国の至る所の学校で繰り広げられている授業。それは初任の先生方でも，またベテランの先生方でも取り組まれている営みです。しかし，「すぐれた授業」とは何かを問うとき，その課題の多さと深さに驚かされます。まさに，授業づくりとその研究は，私たち教師にとって，教育実践の出発でもあり，また問い続けるべきテーマだと言えましょう。

　子どもたちの社会的な自立と精神的な自立を頭に入れて，授業をどう構想するのか，特に本巻では，カリキュラム開発のあり方を示しながら，すぐれた授業を生み出すための課題を提起しました。子どもたちと共有したい文化をカリキュラム化し，また授業評価をカリキュラム開発に結びつける視点を問いかけています。分野としては総合的学習や作業学習を取り上げ，さらにティームとしての教師集団による授業改革の方向を示し，これからますます問われる授業研究の課題を考えています。

　本巻は，障害の重い子どもたちの事例を取り上げ，そこから，特別支援教育の授業づくりで深めたい課題を明らかにしようとしたのも特徴です。障害の重い子どもたちだからこそ，カリキュラムの創造的な構想と緻密で質の高い授業づくりが求められています。そこで明らかにされた原則は，特別支援教育の授業づくり全般に活用していただけるものと思います。

　さらに，行動上困難さを持つ子どもの支援など，授業づくりの基底の部分にも注目しました。

　本巻で「特別支援教育キャリアアップシリーズ」は完結します。第1巻，第2巻をお読みいただいた方も多いと思います。第3巻とともに，既刊の巻を改めて読み返されて，授業づくりの力量を高めていくための見通しを持っていただくことができるとすれば幸いです。

　全3巻を通して，特別支援教育の授業づくりを「楽しく」「豊かに」そして「深く」探究する先生方のキャリアの形成に少しでもお役に立てることができればと願います。

　もちろん，授業づくり研究の奥は深く，これからも本シリーズを手にされた先生方からのご批判・ご批正をいただきながら，子どもたちがいっそう輝くための授業の理論を求めてい

きたいと思います。また，このシリーズを出発点として，ぜひ，各学校・先生方で授業づくりの理論を探究する輪を広げてくださることを願っております。

　編集に携わった私たちは，特別支援教育の時代にこそ，授業づくりの専門性を正面から議論することが大切だ，との思いを共有し，学会などの場を通じて交流を続けてきました。
　授業の営みを「説明」する科学，授業の営みを「実験」する科学。いずれも授業づくりの前提として大切にしたいと思います。しかし，それとともに必要なのは，子どもの発達の事実をつくり出す「実践」科学です。カンやコツに頼る授業研究や子どもの表面的な行動の変容だけを計測する実践研究ではなく，授業を，子どもの発達に寄与する実践の科学として成り立たせるためには何が必要かを今後も探究していきたいと考えています。
　2007年4月に特別支援教育がスタートして1年以上になります。そこでは「連携」がキーワードの一つとして提起されてきました。私たちは，特別支援学校・学級・通常の学校（学級）が連携するためには，子ども理解と授業づくりの専門性をめぐってつながり合うことが大切だと考えています。意外にも，異なる学校種相互の授業研究の成果は交流されてきませんでした。授業をつくり，学級を耕すという，教育実践の大切な仕事をめぐって交流していくことが，特別支援教育を実りあるものにするものだと思います。
　授業づくりについての私たちの共同の研究も今年で15年目になります。本シリーズをもとにして，さらに「通常の学校・学級での特別支援教育の授業づくり」の解明に進みたいと考えています。

編者を代表して　湯浅恭正

目 次

はじめに──キャリアアップの視点・本書の活用の仕方── 1

第1部 カリキュラム開発力を養おう ── 5

第1章 教師に求められるカリキュラム開発力とは ── 6
1　授業づくりとカリキュラム開発　6
2　教材開発力と学習集団　9
3　学びの場づくりとカリキュラム開発　12
4　おわりに　14

第2章 授業評価とカリキュラム開発 ── 16
1　生きている授業を評価する　16
2　授業評価の目的と評価主義への反論　18
3　授業評価からカリキュラムを開発する　20

第3章 総合的な学習の時間におけるカリキュラム開発 ── 24
1　総合的な学習の時間で育てたい力　24
　　―実践「カレーライスがやってきた」より―
2　創造的・発展的な授業を展開するために　26
　　―実践「味の探求―ジュースづくり」より―
3　教師と生徒がともに創る総合的な学習　30
　　―実践「メディア・リテラシー」から―
4　総合的な学習の時間とカリキュラム開発　32

第2部 「みんな」が主体となる授業をつくる ── 35

第4章 重度重複障害児との豊かなやりとりを通した授業づくり ── 36
1　はじめに　36
2　学びの主体となるために　36
3　「お話遊び」の授業分析　38

4　よりよい授業づくりのために　43
　　　5　おわりに　47

第5章　重度重複障害児の教科指導 ────────── 49
　　　1　はじめに　49
　　　2　高等部における「言語」「数量」の実践　50
　　　3　おわりに　60

第6章　子どもの表現を引き出す美術の実践 ────── 61
　　　1　造形活動の意義　61
　　　2　心おどる"きわめつけ"の素材「土粘土」の展開　61
　　　3　身近で広がりのある題材「ネクタイ人間」の展開　68

第7章　作業学習をどう改革するか ─────────── 71
　　　1　作業学習の何を変えるのか　71
　　　2　生徒の考える力を育てるクッキーづくりの実践　74
　　　3　まとめにかえて―作業学習改革の視点―　80

❦コラム「研究授業と教師のキャリアアップ」　82

第3部　子どもを伸ばすプロデューサーになろう ── 83

第8章　ティーム・ティーチングの研究と授業実践 ──── 84
　　　1　個に応じた支援とティーム・ティーチングの研究　84
　　　2　指導案の工夫と教師の意識の変化　84
　　　3　ティーム・ティーチングにおける指導方法の深化　85
　　　4　ティーム・ティーチング研究と教育実践力　92

第9章　行動上の困難のある子と関係を築く ─────── 93
　　　1　はじめに　93
　　　2　自傷の激しいAさんに対するリラックスルームの活用（事例Ⅰ）　93
　　　3　不安の強いBさんとの身体的コミュニケーション（事例Ⅱ）　95
　　　4　「環境の構造化」か「身体的コミュニケーション」か　96
　　　5　行動上の困難を抱える子どもと関係を築くには　97

あとがき　101

＊第7章イラスト・岡崎園子

第1部

カリキュラム開発力を養おう

　この巻では，授業づくりのキャリアアップの最終段階を考えます。

　第1部では，まずカリキュラム開発の土台になる考え方について押さえておきましょう。特別支援教育のカリキュラム・学習内容はあらかじめ決まっているわけではありません。授業づくりや授業の評価を通して，障害のある子どものニーズにそったカリキュラムを構想することができます。授業実践を深めるために必要なカリキュラム開発の力とは何か，その構造を考えてみたいと思います。

　さらに，授業評価を通してカリキュラムをどう省察し，作り変えていくのか，その意義と方法を明らかにしましょう。そして，「総合的な学習」のカリキュラム開発の事例から，カリキュラム開発の魅力と方法を共に探っていきましょう。

第1章
教師に求められるカリキュラム開発力とは

1 授業づくりとカリキュラム開発

(1) カリキュラムと授業研究

学校の教育課程（カリキュラム）は，3つのレベルに区分されてきた。

> ① 学習指導要領に代表される制度としてのカリキュラム
> ② 各学校で作成される教育計画としてのカリキュラム
> ③ 教育を受けてきた子どもに形成された学びの履歴としてのカリキュラム

私たちは，①と②を授業づくりの指針にして，
○どのような学習内容を
○どのような学習形態＝時間（学校生活の月・週・1日の流れ）と空間（学習集団）で指導するか
を構想してきた。①の学習指導要領の各領域の重点やカリキュラム開発の基本については，本シリーズ第1巻に収められている「第1章 教育課程とカリキュラム」を読み返してみたい。

10年以上障害児教育に携わってきた方の役割は，②の各学校のカリキュラムについて，ある学習の単元が始まる前や，終わる際に振り返り，実践してきたカリキュラムが妥当だったかどうかを先生方とともに吟味する仕事の先頭に立つことである。学校で一旦作られたカリキュラムは，学校や小学部・中学部といった学部単位で，授業づくりを進めるときの指針にされ，ある程度継続して使われる。そのために，ともするとこれまで作成されてきたカリキュラムに漫然と従って授業を計画しがちになる。こうしたマンネリ化を防ぐことが必要だ。

それ以上に大切なのは，カリキュラムが，③「学びの履歴」だとすれば，授業によって子どもたちに何が形成されたのかを詳しく検討することである。私たちが授業の研究を通して，子どもの認識・感情・人格の発達を評価してきた仕事は，子どものレベルでのカリキュラムを問い返すことであり，それは，②のレベルでのカリキュラム開発の大切な指針になる。つまり，授業の研究はカリキュラム開発に欠かせない仕事なのである。

第1章　教師に求められるカリキュラム開発力とは

このように,「カリキュラム開発」という言い方には,授業研究を通して子どもに「学び」がどう成立しているかを常に吟味し,子どもの発達の可能性(潜在的能力)を十分に発揮させるような学習内容と学習形態を研究する姿勢が示されている。

事例を示そう。障害児の教科指導では発達課題に即した比較的少人数の学習集団が編成されてきた。それは教科指導がやりやすいからではなく,子どもたちが安心して学習に取り組む雰囲気を作り出そうとしたからである。学習集団が,子どもの側に立った編成(カリキュラム)になっているかどうかを評価するためにも授業研究は欠かすことができない。

(2) 特別支援教育とカリキュラム開発

2007(平成19)年度からスタートした特別支援教育は,障害のある子ども一人ひとりの教育的ニーズを尊重することを提起している。それは,先に述べたカリキュラムの3つのレベルでいえば,子どものニーズのレベルに目を向けて教育を計画することである。通常の学級に在籍する障害児を含めて,特別なニーズを持つ子ども一人ひとりに学びをどう成立させるかが,特別支援教育という制度のもとでスタートしたのである。特別支援教育は,「ニーズに対応したサービスの提供という枠組みで計画するものだ」と主張されたりするのもそのためである。

しかし,特別支援教育は,「ニーズ＝顧客の願い」にそったサービの提供という商品価値の取引がモデルなのだろうか。そうではない。

教育実践は,消費主体のニーズに応えてサービスを供給するという商品売買の仕事とは異なる。特別支援教育における指導とその計画であるカリキュラムは,子どもの発達と障害を把握しながら,社会的要請を視野に入れ,教育的に必要な学習内容と学習形態を構想したものである。社会的な自立とそれに必要な人格的自立をめざすことをカリキュラム開発の基本に据えることが,特別支援教育の時代にも求められる。

ところで,長らく障害児教育に携わってきた方なら,この分野のカリキュラムの理論的・実践的課題の概要は理解されていることだろう。代表的なものを挙げておこう。

---

① 教科指導の意義と生活単元学習との関連
② 「養護・訓練」と呼ばれた教育内容と「自立活動」への転換,特別支援学校小学部に「生活科」を設けることの意義
③ 社会的自立・職業・進路の指導,「総合的な学習の時間」の意義

いずれも,めざすべき子ども・青年像を頭に置いて,カリキュラムのあり方を問いかけようとしたものであった。これらは学習指導要領の改訂とともに議論されてきた。通常の教育もそうだが,障害児の教育は,制度的なレベルでのカリキュラム開発の議論が主に展開さ

れてきた。②の領域は，特に障害の重度・多様化に対応することが必要だとされた1971(昭和46)年の学習指導要領に盛り込まれたものである。

　もちろん，カリキュラムの自主的な編成に取り組まれてきた成果も見逃してはならない。1960年代になるが，長崎の教師・近藤益雄は，今日の「自立活動」にあたる訓練的課題を，教科学習・生活学習とならんで基礎学習（音楽・体育・図工という内容によって指導するとされた）の中に位置づけていた。また，学校に出るゴミの処理を担うリサイクル的な作業を生活教育として構想するなど，生きて働くための力を形成するカリキュラムを早くから主張してきた[1]。また，1970年代には教科指導のカリキュラム構想への志向が強くなっていった。

　障害児の教育をある程度経験した方も，改めてカリキュラム開発とは何かを問いかけるためには，わが国のこれまでの理論と実践の成果と課題を振り返ることが必要である。近藤をはじめとした教師たちは，常に社会の要請を見据え，子どもの人格的発達を見通してカリキュラムに求められるものは何かを問いかけようとした。その姿勢は，特別支援教育時代に求められるカリキュラム開発の方向を展望する際の参考になろう。

　例えば，「特別支援教育時代の生活単元学習の意義」については，それが教科指導とともに，自立や社会参加をめざした指導に寄与すること，自己選択や自己決定の力など，人格的な自立の力の形成に寄与することが，1960年代からの実践と理論の総括から提起されている[2]。

　さて，2007年の学校教育法の改正とともに2008年は新しい学習指導要領が告示される節目の年になった。改訂に先だって2007年の11月には中央教育審議会の教育課程部会における「審議のまとめ」が出された。

　そこで特別支援教育の基本方針に掲げられているのは，
　○一人ひとりの教育的ニーズに対応した適切な教育や支援
　○社会の変化や障害の重度化・重複化，多様化に対応すること
　○複数の障害種に対応した特別支援学校制度の創設
である。具体的な指導指針には，一人ひとり応じた教科指導のあり方，さらに「自立活動」に「人間関係」の分野を設けることなどが提起されている。

　この新しい学習指導要領についても，授業づくりを頭に置いた議論が求められる。例えば自立活動の「人間関係」は，学校のあらゆる授業展開で指導される課題だからである。人間関係を，特別に自立活動の領域として指導する意義とともに，日常の授業づくりを通して形成される意義を確かめておきたい。

2 教材開発力と学習集団

(1) カリキュラム開発力の柱としての教材開発

　授業は,「学習目標の設定→学習内容の選択→教材・教具の開発→指導の実際」という過程で計画される。障害児の教育でもこうした順序にそって授業計画が進められる。この過程で,障害児に「わかる」授業をめざして,精力的に進められてきたのが教材・教具の開発である。
　「わかる」とは「わかりやすさ＝Faßlichkeit・つかみやすさ」という意味からも示唆されるように,障害児が学習内容をつかみ,それにチャレンジする手がかりとなる教材・教具を豊かに用意することが求められたからである。そればかりではない。教材・教具の吟味を通して,学習内容や目標を問い直し,カリキュラムの開発に何が必要なのかを明らかにすることが求められたからである。障害児の教育では,このように「教材開発→学習内容・学習目標の見直し」という過程に注目してきた。教材開発力は,カリキュラム開発力の柱である。ではその重点は何か。

① 教材の文化性・系統性と生活化

　国語・体育など,教科指導を構想するとき,そこで扱われる教材の背景には,どのような文化が根づいているのか,言葉の文化や運動の文化の意義などを改めて吟味しておきたい。
　国語の教材で絵本はよく取り組まれてきた。「はらぺこあおむし」(エリック・カール作,偕成社)の教材で考えてみよう[3]。この教材の中心は,最後に虫が蝶になって飛び立つ場面だ。授業を指導していくうちに,この場面に引きつけられて,蝶になると自分も教室を飛び出して廊下を一周して戻ってくる行動を取り始めた子どものように,教材の中心＝伝えたい文化の中心にこそ,子どもたちは興味を示す。もちろん,子どもが,飛び立ちたい自分の気持ちと教材の世界とを結びつけることができるためには,何度も繰り返して蝶になる場面に気持ちを向けさせるための時間をかけた指導は欠かせないのだが。
　本シリーズの第2巻には「ことば」や「体育」など,教科指導の教材開発の視点とその背景にある文化の世界が示唆されているので参照していただきたい。
　自立活動の指導分野と名称は,学習指導要領の改訂の度に変わってきている。しかし,その中の「意志の伝達」の力をどう育むかは,障害児の基礎的な能力形成には欠かすことができないものとして一貫して重視されてきた。
　特別支援学校の小・中学部の子ども全体を3つの集団に編成して,重症心身障害児の「課題学習」に取り組んだ実践[4]では,意志の伝達を課題にした学習に,「かくれんぼ」の教材が設定された。教師が口笛で遊びに誘い,木魚の音で隠れる時間を知らせたりしながら,常に言葉をかけて「見つけた・見つけられた」ときの気持ちを伝える力を育てる指導が展開さ

れている。「伝達機能の訓練」を重点にはしているが，遊び文化の典型である「かくれんぼ」を教材化し，伝達機能の中心ともいえる「応答的関係」の基礎をじっくりと育てようとしているのである。

　ところで，カリキュラムを開発するためには，学習内容の系統性を把握しておかなくてはならない。特に教科指導のカリキュラムでは，発達段階を押さえながら，「感覚・知覚レベルの認識段階にいる子どもの指導」「表象レベルでの指導」，さらに「概念的な理解が可能なレベルの子どもの指導」といった，発達の系統にそった学習内容が構想されてきた。また「数や量」「話し言葉と書き言葉」，さらに「描画」や「運動機能」の発達のすじみちも明らかにされてきており，それに即した学習内容の系統的な配列の仕方も改めて確かめておきたい。

　障害児のカリキュラム開発ではさらに「生活化」の視点が必要である。障害児の教育で「生活化」と言えば，算数で買い物学習を取り入れるなどがすぐに思い浮かぶ。もちろん，このことはこれからの授業づくりでも考慮したいものである。また，発達課題に即すると言っても，子どもが生活してきた経験の重みを考慮し，教材を選択し，配列することは授業づくりの原則である。それは単に生活年齢に注目するというのではなく，障害児が生活してきた環境（文化と人間関係）の中で積んできた体験を考慮して教材を選択することを意味する。

　それとともに，生活単元学習やそれと関連した「総合的な学習の時間」の計画では，進路や生き方など，インクルージョンの時代にふさわしく，地域に開かれ，自分たちの生活・人生の設計を考える学びをどう展開するかも，これからのカリキュラム開発の課題である。

　② 指導指針の一貫性

　「文化・系統・生活」という視点を踏まえて，カリキュラム開発に必要なのは，「指導指針の一貫性」である。①で述べた重症心身障害児の実践[5]で再び考えてみたい。

　先に指摘したように，この学校では，自立活動で「かくれんぼ」など，子どもに「応答的な世界」を体験させることが重視されていた。

　一方，この学校では，行事として修学旅行に取り組んだ。そこでは出かけた先のレストランで体調を崩して診察室で診察してもらって戻ってきた子どもが，レストランに残っていた教師に「苦しんだのについてきてくれなかった」と睨む表情を見せる。教師たちが「心配していたで」と語りかけると，「心配をかけた」とお礼をいうように教師一人ひとりに顔を向けていった。この事実を教師たちは，修学旅行の「一番のお土産だ」と評価している。

　この実践は，「かくれんぼ」のような，日常の授業づくりで育てられる力，つまり，応答する力が，行事という別の指導領域で発揮されたことを示唆している。「学校生活のいろいろな場面で共感関係を持つこと」「子どもたちの心の声と語り合うように心がけている」という指導の意図が，他の指導分野にもつながることによって，子どもは成長した姿を見せるのである。「応答的関係・共感関係」を育てるという指導の指針が一貫して生活全体に位置づいている。

子どもに育てたい力は,「認識・表現・社会性やコミュニケーション・身体」などに分類されるが, それらの個々の力が育つ根底には, 外界に意欲的に働きかける感情と意欲の育ちを見逃してはならない。日々の授業づくりでどのような指導の指針を持ち, それをどの指導分野でも一貫して追求していくことを学校のカリキュラムづくりで意識することが必要である。

(2) 子どもの「差異」と学習集団

① 「差異」に対応する「分化」

カリキュラム開発では, 教材の開発とともに学習集団の構想が必要である。第1節でも述べたように, 子どもたちの発達(主に知的発達)の「差異」を考慮して, 学習集団は, 特別支援学校では, 発達課題別・学年別・学部別など多様に編成されてきた。

教科指導では,「ことば」「言葉」「国語」というように指導課題を分けた学習集団, 作業学習でも, 作業の種類を選択制にしたり, 作業課題を能力別にするなど,「差異」に対応した集団編成が試みられてきた。「集団編成と授業づくり」については, 本シリーズの第2巻の第3章を改めて読み返してみたい。

授業理論では, 学習集団編成のあり方を「統一と分化」の問題として考えてきた。

> 「統一」=「差異」がありつつ統一した学習の場での授業展開
> 「分化」=「差異」に応じて分化した学習の場での授業展開

この分類によれば, カリキュラムの「分化」による授業構想は,「差異」に対応するという点で障害児教育では不可欠である。

② 「差異」に対応する「統一」

こうした「差異」に対応しながら, 同時に共同化に配慮した学習集団構想も試みられてきた。

例えば学部集団などの共同の場で生活単元学習を展開し, 課題別の集団で形成された力が発揮できる場を設定することである。しかし, ここで留意しなくてはならないのは, 統一した共同の場であるからこそ, 教師は, 子ども一人ひとりが「差異」に応じて力を発揮できる状況をつくり出さねばならないということである。「学習の導入段階」「学習活動に見通しを持つ段階」「活動を展開する段階」など, 個々の学習場面に応じた「差異」への配慮を通して, 子どもたちは共同の場に参加することができるからである。「統一した」学習集団の場で個々の子どもが力を発揮できるかどうかは, こうした授業過程での個人への配慮に左右されているのである。

発達・障害の「差異」が比較的少ない集団でも,「差異」があるのは当然である。「リズム・

からだ」の学習として取り組まれた大阪市立西淀川養護学校小学部の障害の重い子どもの授業では、「いもほりに行こう」という遊びが取り上げられた[6]。新聞紙の中にいる子どもたち（いも）が、ロープを持つ子どもたちによって引かれるという設定である。10名の内、「いも」役の子どもたちは、「土の中から出てくる際のふわっとした刺激を楽しむ」、引く役の子どもたちは、「ロープを手操ることで両手の操作性を育てる」ことがねらわれた。音楽と動きを媒介にして「差異」はありつつ共同化が仕組まれている。

このように、差異を共同化するためにふさわしい教材と指導場面を設定する授業づくりを構想したい。もちろん、この実践では、共同化の前には、「いもほり」を通して、「握る」「引っ張る」などの個別の力（手の巧緻性などと、いもが出てくるという気持ち）を育てる指導が踏まえられていることを見逃してはならない。

作業学習で、「できる力」はありつつ、作業に意欲が持てない子どもに、「見学」を許し、しだいに作業への見通しと意欲を育てた試みなども、「差異」を共同化する授業構想だと言えよう[7]。

3　学びの場づくりとカリキュラム開発

(1) カリキュラム開発と羅生門的接近

カリキュラム研究ではよく知られてきたことだが、「カリキュラム開発」とは、1974年の経済協力開発機構・教育研究革新センター主催のセミナーで用いられた用語である。そこでは「工学的接近」と「羅生門的接近」という2つの方法が語られた[8]。

前者は、教育目標を分けて定式化・明確化し、それにそって授業過程が構想され、目標の達成度を明確にし、それを授業過程にフィードバックし、授業改善に取り組もうとするものである。

後者は、分けられた細かな特殊目標よりも、一般的な目標は設定するが、授業過程を重視してその中で教材の価値を発見したり、評価も目標に囚われない評価が重んじられる。

障害児教育のカリキュラムをこの2つの接近で考えてみると、生活単元学習や作業学習のような「領域・教科を合わせた指導」と呼ばれてきた分野は、生活を基盤にした生活づくりとしてのカリキュラムづくりが要点であり、どちらかと言えば「羅生門的接近」が求められてきた。

生活単元学習では、生活している子どもの関心に基づいて、子どもとともに学習内容を構想し、地域に根ざした創造的なカリキュラム構成が求められた。目標を明確にしてゴールをめざすのではなく、「ゴールフリー」と呼ばれるのが「羅生門的接近」である。生活単元学習の根底にあるのも、「問題解決学習」というゴールフリーの論理である。子どもたちの切

実な問題意識をもとに、その探究を通して、生活に参加しようとする意識を育てる指導が求められるからである。「お別れ遠足」を生活単元学習で計画した小学校・特別支援学級の実践では、子どもが参加するにふさわしい教材を生活の中から探り、子どもの生活との連続を考慮した授業が展開されている[9]。

しかし、生活単元学習でも、社会的な自立に必要な行動能力を細かく分け、明確にして達成した結果を評価しようとする「工学的接近」に重点を置く傾向も見られた。今日、こうした2つのカリキュラム開発の原理を、障害児の教育でどう考えるのかがカリキュラム研究の課題である。

教科指導ではどうか。自分の名前が十分読み書きできない知的障害児に、自分の名前を1字ずつ系統的に教えようとしても学びの意欲を促すことにはつながらず、逆に生活の場で読んだ絵本の文字に興味を示した教訓から、「教科の論理」だけではなく「生活の論理」を踏まえることの意義が早くから提起された[10]。いわば「羅生門的接近」から教科指導の再考を迫られたのである。文字の指導と一口に言うが、ねばり強く文字に慣れ、文字に関わる指導を繰り返し、慣れてきた段階で練習に誘いかけるなど、指導する側が音を上げない姿勢が不可欠である。全く学習の意欲を見せようともしない子どもにも、発達した姿を見せる時期が必ずあることを信頼する姿勢を大切にしたい。

(2) 「個別の指導計画」のあり方

特別支援教育では、個の学習ニーズを鮮明にする「個別の指導計画」によりいっそう重点が置かれる。それは「工学的接近」によるカリキュラム開発であり、子どもの発達に責任を持つ以上、当然踏まえておくべき課題である。

同時に、「個別の指導計画」の策定においても、「羅生門的接近」を視野に入れておきたい。障害の重い子どもに、一つひとつの個別の力を形成するという発想ではどうしても発達の弱い部分を訓練しようとしがちになる。それを克服するために例えば、障害の重い子どもの実践では、「子どもたちの得意な、快い活動や状況の中で苦手なところも頑張っていくという総合していく授業」がめざされている[11]。そこでは、「団らん」の単元を構想して、家庭の団らんを楽しむ場づくりを通して、おもちゃで遊んだり、絵本の読み聞かせを行い、一つひとつの力を総合して「団らんを楽しむ力」の形成がねらわれている。

「個別の指導計画」作成にはこうした子どもの「学びの場」をどう構想するかが忘れられてはならない。感覚機能や能力の訓練が課題となる「自立活動」においても、学びの場での関係性（教師と子どもの関係性）に支えられた指導をいかに計画するのかが問われている。

(3) 通常学級との交流の場をつくる構想

「学びの場」づくりは、特別支援学校・学級だけの問題ではない。インクルージョンと呼

ばれている世界的な動向や特別支援教育の時代において，通常学校・学級の子どもとの交流・共同の場をどう構想するかは重要な課題である。

　先に指摘したように，2008年告示の新しい学習指導要領の柱の一つに盛り込まれているのが「交流・共同の教育」である。それは，通常学級の子どもたちとの交流・共同が「あたりまえの生活」になることをめざそうとしているからである。

　これまでの交流・共同の試みは，イベント的な行事での交流活動が主だった。それが交流活動の質を浅いものにし，インクルージョンの世界に踏み込むことにはなかなかつながりにくかった。しかし，問題は交流の回数ではない。回数を増やしたとしても，「交流このよきもの」として展開される活動では，ついつい通常学級の子どものリズムに巻き込み，障害児には達成感のないものになるのではないか。

　交流・共同を「あたりまえ」にするとは，回数を増やして交流を頻繁にしていくということではない。障害児にとっての居場所である集団はどこなのか，特別支援学級など，安心して自分を出せる場を作りながら，そこでの活動に参加できた実感と，同時に交流活動に参加した実感とをどう形成していくのか。ゆっくりと居場所を作り，学校であたりまえに生活し，参加する場を作り出すことが必要である。こうしたじっくりと生活の場を創造することによって，障害児は，多様な生活の場に「開かれている」という意識を持つことができるのである。

　障害児が学びの場を選択し，居場所を発見していく過程をどう指導するのか，子どもとともに生活と学びの集団＝カリキュラムを作る指導観が必要である。

　特別支援学級と通常学級との授業の交流では，通常学級の場に出かけていく場合がほとんどであろう。そこでの学び合いの研究もこれからの課題だ。それとともに，例えば，少人数の特別支援学級の場合に限られるかもしれないが，特別支援学級を居場所に感じてそこから離れようとしない場合など，通常学級の子どもが特別支援学級に出向いて展開する授業も構想してみたい。こうした体験によって，障害児ばかりか，通常学級の子どもにとっても，学びの場とは何かを考えさせるきっかけを作ることができるのではないか。

　なお，交流・共同の活動が，通常学級の子どもたちにとっても魅力的で参加しがいのある創造的なものであってこそ，「あたりまえ」の交流となる。通常学級の子どもも，自分たちが探究し，制作してみたい活動内容を計画してこそ，意欲的な交流を実現することができる。

4　おわりに

　カリキュラムを開発する力とは，学習内容の全体を見渡し，子どもの発達全体を見渡すことができる力を土台にしている。カリキュラム開発をリードするのは，授業という営みが見え，この分野の理論を背景にした授業づくりが可能な10年程度の経験の先生方である。授業

の中にこそ，学習内容の価値と子どもの願いと発達の姿が集約されているからである。

よく，障害児教育では発達や障害など子どもの「実態」が議論される。しかし，「実態」とは何か。教師が構想したカリキュラムと授業の質によって「実態」は違って見えるのではないか。「実態」を固定的に見て，成長の遅さを子どものせいにしがちな見方を克服するためにも，授業研究を通したカリキュラム開発の仕事に取り組みたいものである[12]。

カリキュラム開発は，学校の先生方が，主体的に授業の総括を行うことができる職場づくりを抜きにしては成立しない仕事である。この仕事を組織するカリキュラム作成のコーディネーター役の存在が期待されている。カリキュラム開発が職場づくり・学校づくりに結びつくとき，授業づくりは個人の名人芸ではなく，共同の営みとして創造的に展開することができる。

そして何よりも，障害のある子どもと保護者という当事者の参加という視点も，これからのカリキュラム開発には不可欠である。ライフステージを見通した子ども一人ひとりのキャリアを形成するためのカリキュラムとは何かを共同して探究したいものである。

注
1）近藤のカリキュラム論とその背景については，『近藤益雄著作集』明治図書（1975）を参照したい。
2）『特別支援教育研究』No.604，日本文化科学社（2007）の特集を参照されたい。
3）妹尾豊広（2006）「生活の中で集団と文化をたいせつに授業をつくる」白石正久・東京知的障害児教育研究会著『自閉症児の理解と授業づくり』全障研出版部，pp.102-104
4）重度重複障害児教育のあり方を考える会編（2002）『いのちキラキラ重症児教育』クリエイツかもがわ，pp.35-39
5）同上書，pp.54-60
6）久保知子・鈴木あかり（2007）「本校医療的ケアの実態と小学部1・2年グループの取り組み」（第57次大教組教育研究集会，提案資料）
7）船橋秀彦（1993）「自己決定を重視した授業としての作業学習の展開」『障害者問題研究』第21巻，第3号
8）日本カリキュラム学会編（2001）『現代カリキュラム事典』ぎょうせい，p.26，p.192，p.196
9）土肥満（2002）「生活を広げる授業づくり」湯浅恭正・冨永光昭編著『障害児の教授学入門』コレール社
10）東井義雄（1958）『村を育てる学力』明治図書
11）三木裕和他（1997）『重症児の心に迫る授業づくり』かもがわ出版，pp.160-165
12）授業研究の仕事を深めてみたい方には，学級づくりとカリキュラムづくりを視野に入れた授業づくりの理論を学んでみたい。『学級の教育力を生かす吉本均著作選集　1巻―5巻』明治図書（2006）参照

第2章
授業評価とカリキュラム開発

　特別支援教育の枠組みにおいて，子どもたちの多様性をこれまで以上に受け止め，カリキュラム開発を絶えず続けていく資質が教師にとって必要になった。一つの特別支援学校内，特別支援学級内に様々な障害や困難さを持つ子どもたちが共存することになるからである。さらに，そのような状況下で個別学習を進めていくだけでは人間関係を築いていくことは十分に行えない。教師に必要なカリキュラム開発の力は，日々の授業実践こそが基礎であり，授業を振り返ることがカリキュラム開発の原動力である。このような考え方に立ち，本章では日々の授業を振り返る方法を授業評価とし，教師のカリキュラム開発力との関係を明らかにする。

1　生きている授業を評価する

(1)　常に変化し生きている授業の評価

　教師は授業が計画通りに，指導案通りに，つまり教師の思い通りには進んでいかないことを経験的によく知っている。そればかりか教師の発想が子どもの発想に打ち砕かれ，瞬時に授業展開の新たな局面が拓かれていくことこそ真の授業の営みであるとする論もある。そのために教師自身による振り返り，授業記録づくり，自身による再検討等は授業研究にとっての営みであり，基本である。一人の教師が自分自身で行うこのような振り返りの授業評価は，その教師の授業の手法やテクニックの問題であり，直接にはその教師個人の成長に資するものであるが，その中には世界中の様々な授業理論の再現が繰り返されている。1個，1個の授業の振り返りの中に，様々な授業論が登場しているのである。
　常に変化し，生きている授業の評価は，教師自身の振り返りが第一であり，それは実践者のみに許される行為である。

(2)　指導案レベルでの授業評価

　周知のように指導案には，「評価」という項目が後段に書かれている。この評価は授業者から見た授業の遂行度，達成度を確認する視点を示したものである。その一つの授業によって目的やねらいが達成されたかどうかを，指導案に予め評価の観点として示すことにより，授業研究会への資料として，また参観者の視点を明示するため，そして授業者自身の授業の

第2章 授業評価とカリキュラム開発

目的やねらいの確認のため設けられているものである。したがってこれは，言わば「閉じられた」一指導案内での評価であり，首尾よくねらいが達成されたかどうかを示す指標の代わりをするものである。このような指導案の範囲内で行われる閉じられた評価は，カリキュラム開発や子どもの存在を創り上げていく教育課程全体に直接作用する授業評価ではなく，技術論に問題を転化してしまう。しかしながら，自己の授業に対してどのような評価の観点を設定するかは，教師の力量が反映しているという意味において重要である。

(3) 授業の外的評価

実験室のような条件下で進行する事象であれば，客観的に，外的に，形式的に結果を評価することは自然科学的アプローチとしても歓迎されるだろう。そのような評価モデルは理論的に，観察→評価→改善→計画→実施の図式をとることになる。外的に数値化して計測しやすい観点（回数，時間的長さ，距離，音量等……）から評価する考え方は机上では成立するが，教師の意図やそのときの子どもの情動や気持ちは測ることができない。何回発言したか，何回発声があったか……というような側面の評価は，授業の内実を問うことなく，内容よりも外面的な数値化を意識した授業づくりにつながる。度数表やチェックリスト，同一書式による評価表などによる授業評価はこのような限界を含んでいる。効率性を測定しようとする授業評価も，授業の意味に近づけず，カリキュラム開発につながらない。心理検査等によるアセスメント（査定）を実態把握とする向きもあるが，一瞬間でのアセスメントは，静的な評価であり，変化する授業や子どもの内実をとらえたことにはならない。この点については，次に項を改めて詳しく述べることにしたい。

(4) アセスメント（査定）ではなく，エヴァリュエーション（価値づけ）を

一つの授業が，知識・技能・習熟の一方的な伝達でなく，教師と子どもによって共有される体験の過程であり，人格と人格の交流であることを考えれば，授業評価の評価は，アセスメント（査定）ではなくエヴァリュエーション（価値づけ）でなければならない。すなわち教師と子どもが分かち合う過程にどのような価値や意味を見出しうるかが重要なのである。ヴァリュー（value）を見出すことがエヴァリュエーション（evaluation）であり，上から下に一方的に判定するアセスメント（assessment）とは区別される。後者は，言わば力動的過程である授業には不適切である。

教師の意図と技術によってつくられる授業は，さらに子どもと向き合う教師の心によって生きたものとなる。そこにどのような価値をどれだけ見出せるか，が次のカリキュラム開発にとって重要である。授業の評価は常に現実に即して行われるべきであり，次の授業の正しい方向を見出すために行われる。その価値とは，子どもたちの授業欲求（授業で教えてもらいたいという欲求）にどれだけ応えていた授業であったかによって示される。重要なのは，

17

その子どもたちの学びたいという欲求をどのように生かしたかである。障害に合わせていかに消極的に授業を行ったかではなく，いかに積極的に障害のある子どもたちの授業欲求を生かしたのかに価値を見出さなければならない。結果が実態ではなく，授業における変化の過程こそ実態であり，それはマネジメントサイクル的な発想の査定では把握できない。教師の仕事は，授業において子どもの存在を創ること，授業の過程に子どもを存在させることである。この意図を忘れた，時間の過ぎゆくままに終わる授業は，まず授業として成立していない。

　子どもの存在を創り上げる授業の対極にあるのは，子どもの遂行や成績を査定することによって授業評価に代えてしまおうとする態度である。上述したように，子どもの学びへの欲求にどのように応え，どのように子どもの存在を創ったのかが授業の評価であるとすれば，子どもにつけた点数は，その教師自身の授業をつくる力の点数評価を意味し，子どもにつけた点数そのものがその授業の点数を表している。

(5) 遅延型授業評価の必要性

　ある一つの授業の影響は即時に発現するわけではない。教師ならば経験的に知っていることであるが，子どもの学習体験には時間的な幅がある。以前の授業の影響が，だいぶ後になって感じられることがある。このことからカリキュラム開発にかかわる授業評価を考えるとき，時間の経過も見逃してはならない。例えば1年後，同じテーマの活動や授業において1年前の学習体験の影響が感じられたりする。

　よい授業の影響はいつ発現するのか。目に見えず，気がつかないうちにその子どもに内化されていく概念や思考にこそ授業の意味がある。一般に私たちは，自分が，いつ，どの授業で，どの瞬間，気がつき，理解し，学習したのか覚えていないのがふつうである。「分数」の概念や「野菜」の概念をいつ理解したのか覚えていないのである。

　授業の影響を即時的に効率評価するのでは不十分である。加えて言えば，一見にぎやかで楽しげで，子どもたちが喜んだりしている授業がよい授業とは言えず，与えられたものに興奮しているのに過ぎないのかもしれない。また，子どもの発声や発言が多く，子どもの動きが活発であっても，それは教師の指示に従っているだけなのかもしれない。

　子どもたち自身が考えている間（ま）が確保されている授業こそ，概念や思考が子どもに内化する授業である。

2　授業評価の目的と評価主義への反論

　これまで述べてきたように，教師のカリキュラム開発力の基礎となる授業評価は，狭義の評価主義を克服しなければならない。近年の効率至上主義，数値目標主義は，教育の世界に

第 2 章　授業評価とカリキュラム開発

も及んでいる。このようなマネジメント論が，子どもの学びの評価や教師の教育活動の評価になじまないものであることはすでに述べた。しかし現実的には，効率で授業や指導の成果を示そうとする動きが，成果主義，測定主義となって存在しているのは事実である。このような評価主義の危険性を列挙しておこう。

　① 授業という生きている時間を，評価しやすいところだけで評価する。
　② 外側に現象として見えているもののみを評価する。
　③ 度数や時間など，数値化しやすい面ばかりを計測する。

このような言わば見た目の授業評価の方法は，評価マニュアル，チェックリスト，同一規格の書式等の登場によってさらに簡略的にスピーディーに行われる。

このような授業評価は克服しなければならない。教師の声の大きさ，板書の字の大きさ，服装，時間内に終わったかどうか，子どもに何回指名したか，何回指示を与えたか……これらは狭義の授業評価として意味がないとは言えないが，授業の本質，教師の意図，子どもの心のダイナミックスと関係づけられない限り，次のカリキュラム開発にはつながらない。

(1) 授業評価は評価する者の力量に深くかかわっている

評価のための評価では授業改善につながらず，授業を見る目がなくてはカリキュラム開発につながる評価はできないと述べた。授業の細部をミクロ的に評価することと子どもの存在や子どもの育ちを作っていく授業の全体を評価するマクロ的な力が評価者になければならない。子どもは長い時間かけて大人になっていくのであり，その成長や発達は日々の授業と不可分である。スピーディーで簡便にできる評価では，そのような長期にわたる授業の意味や役割についての考察をそぎ落としてしまう。

(2) スキル形成型の授業は評価しやすく，人格形成重視型の授業は評価しにくい

ゆとり教育への批判が学力低下問題と結びつき，知識や技術を直接身につけさせる教育観が優勢になってきている。これにさらに拍車をかけたのは，世界の国々の学力ランキング等に見られる単純な比較論である。特別支援教育の分野でも，とりわけ軽度発達障害児を対象にスキル・トレーニングを授業で行うことが広まっている。すぐに役立つ動作，今その子に必要な技術を直接トレーニングして身につけさせるという考え方である。ソーシャル・スキル・トレーニングや，コミュニケーション・スキル・トレーニングがその代表であるが，このようなスキル・トレーニング型の教育は，評価しやすい授業構成論であり，行われた授業評価を子どもの達成度の評価と同一視して考えやすい典型である。

これに対し，子どもの人格的発達や，生活のための応用力を身につけることを意図した授業は，評価する側の力量が求められる。即時に子どもたちの達成度が明示できないからである。しかし，子どもたちの心理構造に内化していく概念，思考，抽象化の価値を見出す力量

が教師の側にあるならば，このような授業の評価は，カリキュラム開発につながるだろう。

　ここにあげた2例は，特別支援教育のカリキュラムに含まれる極端な例であるが，特別支援学級や特別支援学校で展開される様々な指導には両者の要素が混在している。狭義の授業評価論に陥るとスキル・トレーニング型の授業になりやすいことを指摘しておきたい。

(3) 授業のスリム化のための評価と授業を豊かにするための評価

　無駄をなくすという現代の社会的要請に対応して，余分なもの，余計なものを整理・削減することが様々な分野で行われている。そのために実施されるのが効率評価である。カリキュラム開発を目指す授業評価を考えた場合，できるだけ余分なものを排し，必要最小限なもののみで構成するという主張は成り立つだろうか。それは，教育内容の点でも教師，学校が用意する手立ての点から言っても誤りである。障害のある子どもたちに多くのことを教えるのは無理であるから必要最小限の内容にする考え方も，授業を経済効率的にスリム化することも誤りである。

　子どもにとっての授業は，世界を理解する遠回りの過程である。すぐに成果が数値となって示されないものを排除してはならない。できるだけ多くの選択肢を用意し，あの手この手の支援を考え，授業で起こりうる様々な事態に備えるべきである。その意味で「無駄」は授業につきものであるし，その「無駄」こそが授業を豊かにし，さらにはカリキュラム開発力へのヒントとなる。授業において肯定的な意味での「単純化」があるとすれば，それは子どもの思考過程を活発化するために教師からの働きかけを精選化，結晶化することであって，教師の支援の質を研ぎ澄ますという意味である。以上述べてきたことから，授業評価は授業を豊かにすることを目的としたものでなければならない。

3　授業評価からカリキュラムを開発する

　これまで授業研究とか授業分析と呼ばれていた概念が，時代の要請からか「授業評価」あるいは「カリキュラム開発」というような，教育行政的な概念に代えられようとしている。それと同時に，教師の本来的な仕事である授業づくりから教育課程が作られていくことの意味が薄くなり，「評価に耐えうる授業やカリキュラム」を文書として提出する努力が教師に余儀なくされている。授業評価が「授業の評価をしている」という実績づくり（評価のための評価）であることは，あってはならないし，効率至上主義の授業評価であってはならない。教師が行う授業づくりやカリキュラム開発の成果は，ずっと後になって遅れて実現する。ここでは，教師が行う一個の授業やその評価がカリキュラム全体を動かしていく，という立場から，カリキュラム開発の要点を検討しよう。

(1) カリキュラム構造の開発

　授業評価から出発するカリキュラム開発は授業構造を豊かにする方向を持ち，そのことはカリキュラムの構造や枠組自体を開発していく方向を持っている。そのようなカリキュラムの構造を考える際に予め留意しておくべき点を述べておこう。

① 障害がある子どものためのカリキュラムは，通常の子どもたちのカリキュラムに準じたものにすべき，という考え方がある。

② カリキュラム研究（教育課程論）の立場からすれば，いわゆる学習指導要領は，項目主義であり，カリキュラム構造を示すものではない。また教育内容を示すものとしても粗すぎて授業評価やカリキュラム開発には役立たない。

③ 小・中学校で通例化している「教科主義的カリキュラム」やそのバリエーション，生活「科」，道徳の徳育「科」化に見られるような発想は，障害のある子どもたちの学習特性に十分対応することができず，カリキュラム開発の枠組として十分機能しない。

④ いわゆるスキル・トレーニングに代表される心理主義的な個別プログラムは，障害（または障害に起因する部分）への働きかけであり，不足や不十分さを補うという考え方である。したがって子どもたちの全人格的な育ちを作るカリキュラム開発を説明するためには不十分である。障害（障害に起因する部分）にのみ着目したアプローチは，障害のマイナス部分の補完に終始する。障害児のためのカリキュラム開発は，子どもたちの学びへの欲求，コミュニケーションへの欲求，社会的価値への欲求に応えるものでなければならない。

⑤ 障害のある子が学校で育つことを考えたとき，他人との人間関係の形成，他の子ども，教師との人間関係を結ぶことによって多くのことができるようになる事実，仲間とともにあれば一人でいるときより多くのことが達成される事実，に着目しなければならない。今何ができて，何ができないかが問題ではない。他の子どもや教師の支援によってどれだけのことができるかがカリキュラム開発の基本的で最も重要な方向である。

　障害児と呼ばれる子どもたちの「気になる行動」を消去したり，「不十分な技能」を取り出し指導したりしていくことが重要ではない。自他の関係をつくり，友だちと一緒に学ぶことに慣れながら学校生活を送っていくことを目指すのが特別支援教育下でのカリキュラム構造の開発である。

(2) 教授学の視点からのカリキュラム開発

　カリキュラム開発に授業論的な角度から接近する立場に教授学がある。この立場は子どもたちの教育に際しての原則を作り上げてきた。ルソー，ペスタロッチ，コメニウス，ウシンスキー等を経て醸成されてきた現代教授学の主な原則について述べよう。

コメニウスは人間を宇宙の一部と見なし，教授法の原則を自然や生活の一般的法則から導いた。人間の発達の一側面である教育もその一般法則に従うとしたのである。ルソーは学習過程の原則的基礎としての自然と子どもの直接的なふれあいを必要と考えた。ペスタロッチはコメニウスに続いて，教授の直観性の原理を確立した。コメニウスが直観手段を教材の習得手段と考えたとするならば，ペスタロッチは，教授の直観性を論理的思考の発達手段として性格づけた。ロシアのウシンスキーは，①教授法が養育的であること，②教授法が系統的で，わかりやすく，力相応のものであること，③知識の習得が確実であること，④習得が意識的で能動的であること，⑤教授が直観的であることを原理として挙げた。

　特別支援教育では，以上のような原則は，何よりも治療的，実際的な方向を考慮しながら実現化されていくべきであろう。次に，特別支援教育が依拠すべき，現代教授学の原則を整理しておきたい。

① 発達促進的な教授の原則（長期間かけて人間的に発達していく）
② 養育的な教授の原則（知的可能性の実現と人格形成）
③ 系統的な教授の原則（順序性と最近接発達領域）
④ 科学的な教授の原則（周囲の世界についての科学的表象の確立，初歩的レベルであっても，教材の簡略化，幼稚化ではない）
⑤ わかりやすい教授の原則（教育は発達の少し先回りをする。少しだけ難しい教材が子どものわかりやすさを導く）
⑥ 直観性の原則（具体的な思考から抽象的な思考への移行における感覚的認識の重視）
⑦ 意識的で能動的な教育の原則（受け身的に与えられるものではなく，子どもが能動的に習得する）
⑧ 確実な知識習得（その教材の主要な意味理解，背景理論と現象，実際生活での応用の段階を与える）
⑨ 教授における分化アプローチ（グループ別の配慮）
⑩ 個別的配慮の原則（集団形態の授業における個への配慮）

　これらの教授学原則からの知見は，授業評価においてもカリキュラム開発においても，そのまま視点となりうるし，またそうでなければならない。これらは，すべて教師が常に意図しているべき諸点であり，個々の授業とカリキュラム全体を結びつける役割を果たしている。言い方を換えるならば，教師の行う授業の要点を示したものであり，教育における教師の主導性を確かにするものである。

(3) 教材と活動の意味の問い直しからカリキュラム開発を考える

　形式的に配列された教育内容や習慣的に，表面的に行われるこなしの教育が特別支援教育下ではしばしば見受けられること，それらが障害のある子どもたちにとって実り少ないもの

であることは，これまでの記述から明らかである。障害があるからこそ潜在的に持っている学びへの欲求，「自分にも，もっと勉強を教えてほしい」という願いを叶え，「他人と仲よく一緒に仕事をする」「仕事（労働や作業）を通して人間的なコミュニケーションが育つ」ことを第一に考えたカリキュラム開発が必要である。

それが実現するためには，人間関係が築かれることによってできることが増え，支援があればできることが増えていくカリキュラム構造が求められる。その上で個別の課題が第二次的に設定されるべきであり，当初からトレーニング課題が個別に与えられるべきではない。特別支援教育の教師は子どもの共同解決者であり，はじめは子どものモデルとなり，やがて共同活動での教師の役割は減少していき，最終的には子ども自身に解決が任せられるようにしていく。それが個別的な配慮である。

このような教師のもとでのカリキュラム開発に必要なことは，教材や活動の意味の問い直しと発見である。その教材が子どもにとって真の意味を持つのは，その教材の内化において，教師や周囲の子どもの支援により，その子どもが少しの努力をして習得していくこと，また，そのような範囲にあるように活動や教材を用意し，上述のような意味から一つの授業を教師が主導して組み立てることである。

カリキュラム開発は，教材や活動の順序性や配列に重点があるのではない。また奇抜な目新しい活動を導入することにあるのではない。今子どもたちを巻き込もうとしている教材や活動を子どもたちが自分のものにしていく過程，内化の過程にふさわしいものかどうかの吟味を行うことである。このことに授業評価とカリキュラム開発を結びつける鍵がある。それは実際に教えている教師ができる日々の振り返りに他ならない。発達よりも少し先回りする教育をつくることが特別支援教育でのカリキュラム開発である。

参考文献

- 広瀬信雄（1997）『がんばってね　せんせい』田研出版
- 湯浅恭正・冨永光昭編著（2002）『障害児の教授学入門』コレール社
- ヴィゴツキー著，広瀬信雄訳（2002）『子どもの想像力と創造』新読書社
- L.N. タラン・V.P. ペトルニク著，広瀬信雄監訳（2006）『子育て・納得のアドバイス—0歳から思春期までの危機を乗り越える—』新読書社
- 湯浅恭正（2006）『障害児授業実践の教授学的研究』大学教育出版
- 高橋浩平・新井英靖他編著（2007）『特別支援教育の子ども理解と授業づくり』黎明書房
- 小川英彦・新井英靖他編著（2007）『特別支援教育の授業を組み立てよう』黎明書房

第3章
総合的な学習の時間におけるカリキュラム開発

本章では，茨城大学教育学部附属特別支援学校などにおいて行われた，総合的な学習の時間の実践を紹介しながら，カリキュラム開発と教師の資質について検討する。

1　総合的な学習の時間で育てたい力
―実践「カレーライスがやってきた」1) より―

(1) 興味から探求心へ

この授業は，国語で読んだ「カレーライスがやってきた」という話をもとに，市販のルーを使わずに香辛料からカレーを作るというものであった。これまで，このグループでは調理の授業でレシピにしたがって一人で食事を作るといった授業を数回行っていたので，調理器具の使い方などは習得している子どもが多く，わかりやすく書かれたレシピがあれば基本的な料理を作ることができる子どもたちであった。そこでこの授業では，「香辛料を自分で調合してできあがりを想定しながら自分流のカレーを作る」ことをねらいに授業を行った。授

表3-1　学習内容と子どもの反応

授業計画	学習内容	子どもの反応
① 香辛料の色・味・臭いを知る（2時間）	実際になめることで「香辛料は辛い」ということを実感する。香辛料にはいろいろな色・味・臭いがあることを知る。	・「辛い」という感覚はすべての子どもが実感できた。 ・種類の違う香辛料の臭いや辛さの違いがわかる子どももいた。
② 自分流のカレーのレシピを作る（2時間）	いろいろな香辛料を混ぜ合わせて自分の食べたいカレーの味，色，臭いにするにはどのように混ぜればよいかを考える。（カレーの特徴を表現させるために，カレーに名前をつけさせることも行った。）	・「僕は超辛いカレーを作りたいからこの香辛料を混ぜるんだ」など前の学習をレシピづくりに反映できる子どもが多かった。 ・自分の好みのカレーを作りたいので大変熱心に行っていた。
③ 香辛料を使ってカレーを作る（3時間）	準備から仕上がりまで自分のレシピを見ながら一人でカレーを作る。	・レシピを見ながら食べ物を作る授業は3年目を迎えているため，一人でできることが増えている。 ・できあがったカレーを少量ずつ，みんなのものを食べ，香辛料が違うと味が違うことを実感できた。

業計画及び学習内容と子どもの反応は表3-1の通りであった。

　この授業を行う前に，国語の授業では，主に読解力の向上をねらって「カレーライスがやってきた」という題材を読み，その話の中に出てくるインドやイギリスの位置を地球儀で確認したり，「カレーライスが日本にやってくるまでの経緯を知る」などカレーにまつわる様々なことを学習しており，カレーに関する教養的な情報をある程度習得していた。しかし，子どもたちは香辛料というものに日常生活でふれる機会はまったくなく，日常的にはカレーはルーから作るという認識であった。そのため，香辛料を見たこともなければ，どのような味がするのかについてもよくわからない状況であった。そこで，総合的な学習の時間では，まず香辛料を10種類程度用意して，いろいろな種類の香辛料をなめるという体験から始め，香辛料を自分で調合するという活動へと発展させた。

　子どもたちはこの授業の中で，初めて香辛料を味見して，とても辛い香辛料や，香りの強い香辛料，色に特色のある香辛料など視覚や味覚を十分に使い，様々な香辛料にふれ，自分なりの香辛料のイメージを作った。また，子どもたちは自分の食べたいカレーの味を想像しながら，初めてなめる香辛料を吟味した。学習グループが5人の集団であったので，「僕はこの香辛料を入れてみよう」などという発言に対し，「それを入れたら超辛くなるよ」「大丈夫だよ」など，友だちとの関わりも見られた。そして，各自がレシピを作成し，実際に香辛料を使ってカレーを作ったことで，できあがったカレーが自分のイメージしていたようにできたかどうかなど，自己評価をすることもできた。子どもたちは，香辛料を調合する具合によって味が違うということだけでなく，見た目の色も違ってくるということがわかったようであった。

(2) 「知」の総合化をねらった総合的な学習の時間

　この実践を子どもの認識面の変化ということで考察すると以下のようになる。すなわち，この授業はカレーという子どもにとって日常的な食材をテーマにしていながらも，単なるカレーづくりにとどまらず，カレーにまつわる様々な情報を総合して，子どもの中に新しいカレーのイメージを創造することをねらった総合的な学習の時間であった。特に，日常的には子どもたちがふれる機会の少ない香辛料を使用することで，子どもが日常的に抱いているカレーのイメージを崩し，香辛料から作ったカレーを実際に食べることで新しいカレーのイメージを創造することができた実践であった。

　その中で，自分で作りたいカレーをイメージして，香辛料を調合し自分なりのレシピを作るという活動を用意したので，子どもにとっては「カレーを作って食べる」という調理実習だけでなく，「どんなカレーを作ろうか」と主体的に考える機会を得た。こうした活動を通して，子どもたちはカレーにまつわる「知」が総合され，カレーライスという日常的なイメージを新しくすることができ，少し大げさに言えば，彼らの生活文化の再創造に寄与したの

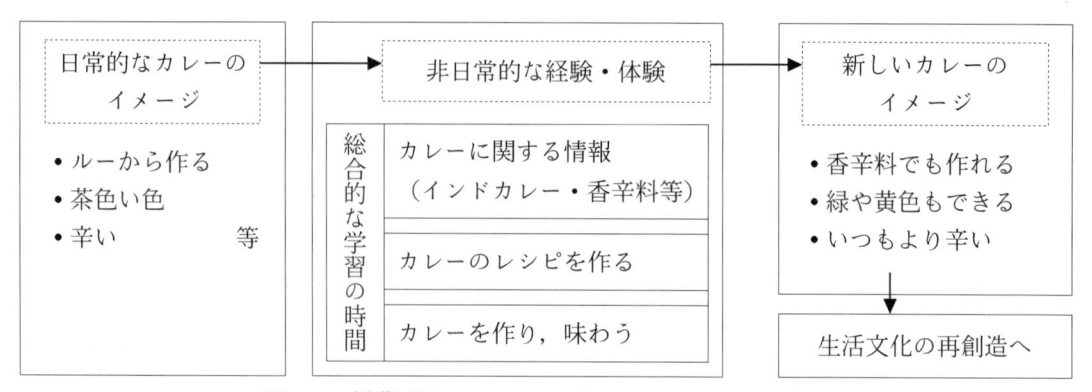

```
┌─────────────┐    ┌─────────────┐         ┌─────────────┐
│ 日常的なカレーの │ →  │ 非日常的な経験・体験 │ →    │ 新しいカレーの │
│   イメージ    │    └─────────────┘         │   イメージ    │
│             │    ┌─┬───────────────┐     │             │
│ ・ルーから作る │    │総│カレーに関する情報 │     │・香辛料でも作れる│
│ ・茶色い色   │    │合│（インドカレー・香辛料等）│  │・緑や黄色もできる│
│ ・辛い    等 │    │的├───────────────┤     │・いつもより辛い │
└─────────────┘    │な│カレーのレシピを作る│     └─────────────┘
                   │学├───────────────┤            ↓
                   │習│カレーを作り，味わう│     ┌─────────────┐
                   │の│               │      │ 生活文化の再創造へ│
                   │時│               │      └─────────────┘
                   │間│               │
                   └─┴───────────────┘
```

図3-1 授業「カレーライスがやってきた」の構造図

ではないかと考える（図3-1）。

2 創造的・発展的な授業を展開するために
―実践「味の探求―ジュースづくり」[2]より―

(1) 実験的要素を取り入れ，味わう活動

　知的障害児の総合的な学習の時間のテーマに「食」を取り上げる実践は多い。それは，「食」が人間にとって不可欠の行為であり，どんな人でも関心の高いテーマであるからだろう。「カレーライスがやってきた」の実践は，日常的に行われている調理実習（生活単元学習）を総合的な学習の時間に発展させたものであるが，ここではもう一つ，「食」をテーマにした実践「味の探求―ジュースづくり」を紹介したい。

　この実践では，ただ単に食べるだけでなく，食べるという活動やそれに関連する活動について，「やってみたい」「そうだったんだ」「何だろう」「おもしろい」「次はどうかな」等の疑問や発見，関心を大切にして授業を展開しようと考えた。その中で生徒が「食」というイメージを少しでも広げ，深められたらよいと考えた。そのため，生活単元学習の「メニューを決め，材料を準備し，作り方を学ぶ」というこれまでの調理実習とは異なる展開をすることにした。（ただし，総合的な学習の時間の「食」に関する学習が生活単元学習の調理や校外学習等とつながりを持てれば，双方の学習がより深まると考え，積極的に連携するつもりでいた。）

　食べるという日常的な行為の中で，生徒に疑問や気付きを持ってもらうために，1学期は，「味」に関する学習に取り組んだ。遊び的な要素を盛り込み，甘い，塩辛い，辛い，苦いなどの味を実際に食して体験しながら食材や味を当てる活動を行った。その際，＜予想→体験→確認＞という学習の道筋を踏めるよう，授業の組み立てに配慮した（次頁，図3-2）。

　この授業では実際に「食べる」ことを取り入れ，当たりはずれのわかるゲーム的な活動が多かったため，生徒の多くは喜んで取り組んでいた。「総合の時間は何やるの？」「次は？」

発問：砂糖かな？　塩かな？	発問：味見してみよう	発問：どんな味かな？
子どもの反応 　何だか見た感じは砂糖みたい	子どもの活動 　味見してみよう	子どもの反応 　塩辛い 　→これは塩だ

図 3-2　「どんな味かな？」の実践展開

など，次第にこの時間を楽しみにする様子も見られた。味や料理を当てる活動を通して，「食べる」から「味見をする」楽しさへの広がりも見られた。

　当初，教師は，食材や調味料はわからなくとも，感覚的な「味」についてはある程度わかるだろうと考えていた。しかし，砂糖をなめて「塩辛い」，塩をなめて「甘い」と言う生徒や特徴的な香辛料を使用した料理の匂いをかいでもわからない生徒など，味に関する生徒の認識は意外に曖昧であることがわかった。

　生徒の様子からわかったことは，味の感覚は十人十色ということ，これまでの食の経験において，「しょっぱいね」「甘いよ」という感覚を学校の給食指導の場面や家庭であまり学習してこなかったこと（食事の場面で「おいしい？」としか尋ねてこなかったのではないか），「甘い」や「辛い」などの味を表現する言葉の学習はしてきたのか，など既存の教科・領域の学習の中では気付かなかった課題が浮上した。

　教師が生徒に「どんな味？」と抽象的に発問するより，具体的に「何の味？」と問いかけた方がわかりやすく，生徒自身の表現を引き出しやすいということもわかった。例えば，「甘い」でも，砂糖と果物では味の表現は異なるだろう。こうした中で，教師間の話し合いの中では，味を十分に表現できないでいる生徒には「甘い」という認識をしっかり指導するべきではないかという意見も出された。しかし，「甘い」「辛い」は味の一つの側面であり，それをしっかり指導するということは知識の植え込みになり，総合的な学習の時間が目指す「気付き」や「発見」の目を摘んでしまう恐れがあった。そこで，味の認識を確固たるものとすることを授業でねらうのでなく，味をもっと広い意味で捉え，子どもたちなりの味の感覚や表現を大切にしながら「味」を探求していこうと教師間で話し合った。

(2)　「私の味」を探求し，披露する

　味覚や食環境には個人差があり，それぞれ味の認識や表現が曖昧な部分があることから，2学期は3つのグループに分かれて活動することにした。予測や見通しを持つことが苦手で，味の表現や違いがわかることを目指す活動が難しい（障害の重い）生徒には，全体で活動する時間には本人の表現を引き出しにくかったので，グループ分けをして対応し，より一人ひとりの実態に合わせた活動を行いたいと考えた。

　内容としては，前学期同様，予想して確かめるという学習のプロセスを土台とし，「果物

の味」を共通の糸口にして，果物からジュースづくりをするという活動に取り組んだ。果物は生徒の身近な食べ物であり，調理のしやすさ，わかりやすさという点で総合的な学習の時間にふさわしいと考えた。複数の食材を使い手順を踏んで調理する活動よりも，一つの果物に限定して，搾ったり，すりおろしたりする直接的な加工を通して，できあがりを想像しやすい活動のほうがよいのではないかと考えた。

具体的な授業の雰囲気が伝わるように，以下にあるグループの活動について紹介する。「ジュースって，どうやって作るの？」という教師の発問に，グループ全員が知らないと答えた。子どもたちのこうした反応はある程度，予想されたことだったので，わからないことは家族に聞いてみようと教師が提案し，家で調べてくることになった。比較的認識力の高い生徒が集まったグループだったこともあり，ジュースを作るために必要な果物の名称やミキサーという言葉は次の時間までに子どもたちは理解できたようだった。

しかし，果物と果汁の関係ははっきりとわからない様子であった。聞いたり，伝えたりということが難しい障害の重い生徒には，教師側が連絡帳で保護者に伝え，尋ねることにした。各家庭の協力により，いろいろなジュースづくりの方法がわかった。教師の知らなかった方法もあり，第1回目のジュースづくりは教師側にとっても新しい気付きとなった。ただし，未経験の作り方のため教材研究が必要となり，材料を揃えて事前に教師だけでジュースづくりを行ったりもした。この実践の初期のころは，ジュースづくりの導入段階であるため，子どもたちに失敗させたくないという思いがあり，うまくジュースができあがるかという不安は，教師も生徒と同じ気持ちであった。この授業では，生徒の試行錯誤の機会を十分に保障してあげることや，失敗やつまずきを受け止め，そこから気付きや学びへと高めていくことを大切にしようと考え実践してきた。以下に，生徒が十分に試行錯誤し，自分なりの気付きができるようになった一例を紹介する。

（**生徒の様子**）「誰からやる？」にいち早く挙手したHさんは，りんごの皮を削るように切り取り，細かくしてザルに入れた。ガーゼを被せ，上から裏ごしするように押し，果汁を出そうと努力した。しかし，Hさんのやり方では汁が出ないと思ったSさんは木槌を持ち出し，思いっきり叩いた。このやり方でほんの少し果汁が出たが，2人の表情からは「おかしいなあ。もっと出ないのかな」という気持ちが伝わってきた。この様子を見ていたMさんは，「違うよー」と何か確信を持った様子で，おろし器を持ち出しりんごをすりおろし始めた。ガーゼで絞り，たくさんの果汁を作ることができた。すり鉢でも挑戦していたSさんだったが，簡単に果汁を作り出すMさんの様子を見て「私も！」とおろし器を使ってりんごをすりおろし始めた。

これまでの調理実習の指導の方法では，「こうしてやるんだよ」と教師が見本を見せて教

えてしまっていたので,例に挙げたような子どもの困難は,自分で答えを見つける前に,すぐに通過していたと思われる。しかし,この例のように,教師が少し待つことで,子どもは試行錯誤しながら,友達の様子を見て考え,再び取り組んで成功したという経験をさせることができる。そして,こうした経験を通して,生徒には「わかった」という気持ちが強烈に残り,経験がその後の生活にも根付くのではないかと感じた。

　2学期のジュースづくりは,何度も繰り返し取り組んだこともあり,「いくつかの道具を使って果物をジュースにする」という見通しが生徒の中にできた。個人差はあるものの,障害の重い子どもも「果物がジュースになる」というイメージを持って,授業に臨むことができるようになった。

(3) 「食」について考える

　この実践は生徒の「食」に対する興味・関心が高いことを基盤にしてスタートし,進められた学習であったが,この実践を通して,教師の中で「食」に対する思いが深められたことも成果の一つであった。

　現代の食を見ると,レトルト食品やインスタント食品,人工調味料,でき合いの惣菜等が多く,まず,簡便性,利便性,経済性が重要視されている感がある。「安くて,早くて,そこそこうまい」食品や料理を家庭外に求め依存する傾向が強く,そうした加工食品や外食産業が急速に発展している要因ともなっている。

　このような食の変化の背景には現代の生活の変化がある。労働時間の増加や調理器具の開発に伴い,家庭では料理が省力化されている。父親,母親とも仕事を持つ家が多くなり,限られた時間内で家事を行わなければならなくなったことも大きく影響している。また,最近は栄養面での不安をサプリメントで補おうとする傾向も目立ってきた。工業生産により加工された食品は現代に溢れ,一見,豊かさをイメージさせるが,実際は人工的で画一化された味を取り込む「生物的に必要な食」となっている。

　今回,紹介した実践をチーフとして進めてきた寺門宏美教諭は,この授業を次のように振り返っている。

　「元来,人間は自然の中で,自然の恵みを口にして生きてきた。自然の中からいろいろな食材や調味料,調理法を発見し,生み出してきた。特に日本人は刺身や鮨,豆腐などの日本料理に代表されるように『素材の味』を大切にしてきた民族である。地域に特色があるように,各地の地方料理や伝統料理の味は個性的で家庭的なものである。今回の総合的な学習の時間では,味の認識から始まり,ジュースづくりに取り組んだ。日頃,何気なく口に運んでいた食材や調味料の味を取り出して,もう一度それらの風味や味についてじっくりと向き合った。受動的であった味の感覚を能動的に働かせるという学習であったと感じている。そして,素材の味を確認しながらジュースづくりを行い,素材が加工されるプロセスを学んだり,

自分の好みの味を意識するような学習ができたと言える。大人がじっくりと食材を下準備したり，料理を作ったりする様子を目にすることが少なく，魚や肉は切ってあるものしか知らない……という子どもも多い中で，『味の探求―ジュースづくり』は意義のある，興味深いテーマであったと考える。」

3　教師と生徒がともに創る総合的な学習
―実践「メディア・リテラシー」3）から―

(1)　子どもの興味とテーマを結ぶアイディア

　以上のような「食」の実践が一段落したあと，総合的な学習の時間で「メディア・リテラシー」をテーマに取り組むことにした。中学部の子どもたちはアニメや音楽などにとても興味を持っていたことに加えて，カメラやパソコンを操作することにも興味を持っている子どもが多かったことがこのテーマに取り組むきっかけであった。はじめにいくつかのグループに分け，子どもたちからどんなメディアを取り扱いたいかを教師は尋ねていった。本稿では，いくつか編成されたグループのうち，千と千尋グループの実践を紹介したい。

　このグループはグループ名からわかるように，とにかく宮崎駿のアニメ「千と千尋の神隠し」（以下，「千と千尋」）をモチーフに取り組みたいという意見が子どもたちから出てきた。他のグループは，電車をカメラで撮りに行ったり，書いた絵をパソコンに取り入れたりして，子どもの興味・関心とメディアとが結びつきやすいものであったが，千と千尋グループは子どもから「劇をしたい」という意見が強く出されるだけで，なかなかメディアと結びついてこなかった。教師も劇を作るだけでは，「本当にメディアの学習になっているのか？」という不安が強く，実践があまり進んでいかなかった。

　そのようなとき，教師は試しに子どもたちにカメラを使わせてみようと思い，「千と千尋」のアニメの中から自分で好きな場面を選ばせ，写真を撮ってみないかと，子どもたちに投げかけた。試しにカメラで「千と千尋」の一場面を撮影するときに，その場面の中に入って自分なりにポーズを取らせることも行ってみた。子どもたちは自分が主人公になって，お話の中に入っているような気持ちになり，こうした活動にとても興味を持った。

　このグループの担当の教師は子どもたちのこうした姿を見て，カメラを使って「千と千尋のお話の中に入る」という活動に広げていけないか考えた。そこで，

① パソコンに「千と千尋」の画像と子どものポーズを取り込み，合成写真を作成する活動を行う

② 合成写真にタイトル，吹き出し，主題歌などを入れ，自分なりのDVDを作る

という活動を軸に授業を展開していくことにした。

　こうした活動を通して，子どもたちは，今までとは違った「千と千尋」の見方をするよう

第3章　総合的な学習の時間におけるカリキュラム開発

になり，「次はこの場面で，こんなポーズをしたい」など，子どもから自発的な活動が多く見られるようになった。中には，はじめは恥ずかしがり，どんなポーズをとればよいかとまどっていた子どももいた。そうした子どもに対しては，教師がその場面に合ったポーズを一緒にやってみることで，生徒はやり方がわかり，場面に合ったポーズを取るようになった。最終的には，集会室を暗くしてプロジェクターから映画の一場面を映写し，自分の最も好きな場面の中でポーズを取るという活動へと発展し，メディアを活用しながら，自己表現・自己実現へとつなげていくことができた（実践の展開過程については，図3-3参照）。

(2) 教師の変化の鍵

一方，このグループにはパソコンが得意な教師がいなかったため，子どもたちが活動する前に，教師自身が合成写真の作成方法を学ぶなど，技術の向上が必須となった。

こうした総合的な学習の時間の展開から見えてくることは，

① 教師間の話し合いで得られる何気ないヒントや子どもの反応が授業の発展を支えていること
② パソコンの技能を向上するなど教師の側の変化・発展も重要であること
③ 教師も一緒になって楽しむことが大切であること

であった。

総合的な学習の時間では，予定された到達点というものがあるわけではなく，教師は子ど

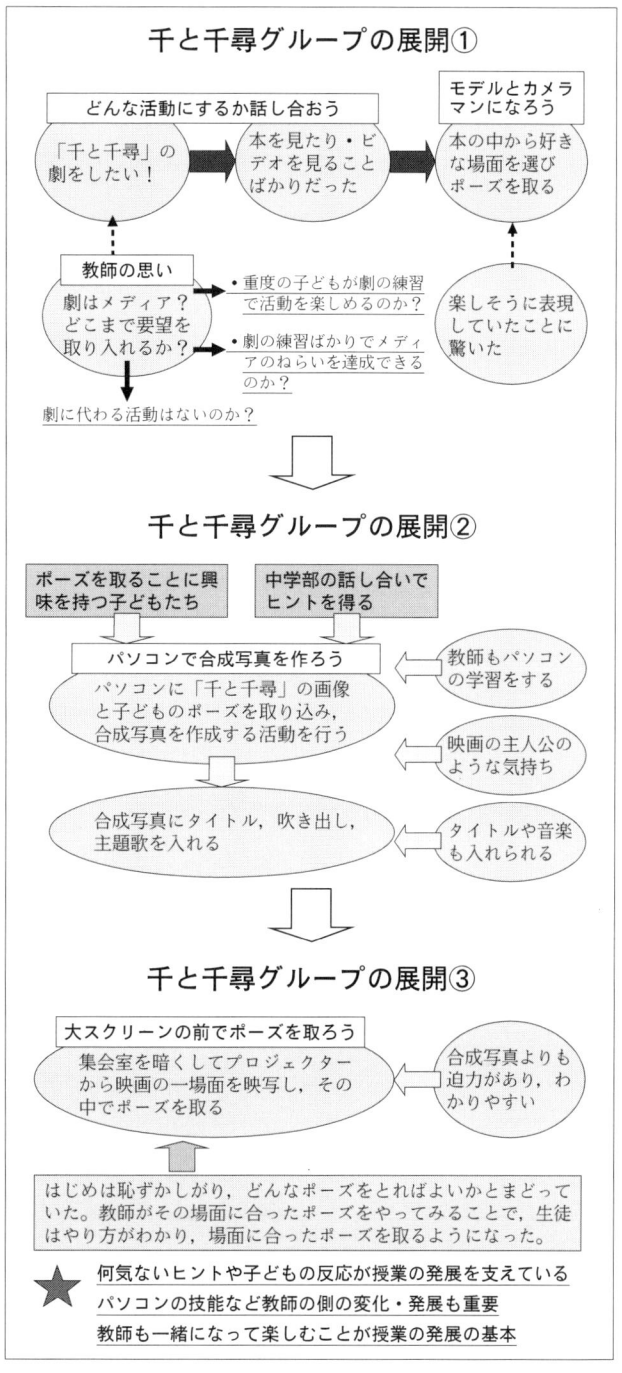

図3-3

もの変化とともに自らを変化させていかなければならない。このことはとても当たり前のことであるが，これが実は難しいものでもある。こうした教師の変化を支えていたのは中学部の職員で行われる話し合いであった。この話し合いの中で出てきたアイディアをみんなで実践してみようという前向きな気持ちが実践の発展を支えたのだと考える。

4 総合的な学習の時間とカリキュラム開発

(1) 子どもの興味とテーマを統一する

以上のような実践をもとに，カリキュラム開発の視点から考察してみたい。まず，カリキュラム開発において重要なことは，**テーマ設定**と**テーマの分析**である。総合的な学習の時間では，まさにテーマから検討しなければならないものであり，教師にとってはそれなりに負担を感じるものであるかもしれない。上記の実践例からわかるように，知的障害児の授業づくりにおいては，子どもが興味を持つものからスタートするということが大前提であった。ここで重要なことは，興味を持つものをそのまま「活動」にして授業を展開すればよいということではない，という点である。

例えば，「カレーライスがやってきた」の実践では，既存の知を総合化して自分のカレーを作る，「味の探求」の実践では何気なく食べているものから自分の味へ，「メディア・リテラシー」の実践では，主人公のような気持ちになって，ポーズをとった写真と画像を合成するといった興味とテーマが一体的になったときに授業が発展したと考える。

(2) 一緒に考えていく職員集団の重要性

カリキュラム開発の視点から言及しておきたいことは，総合的な学習の時間の実践展開は，「はじめから予定・計画されていたものばかりではない」ということである。実践例においても，教師は計画し，準備した授業を実践しつつも，授業の途中で子どもの反応を見ながら常に修正を余儀なくされていた。こうした授業においては，教師一人の思いや考えだけでは袋小路に陥ってしまう実践をいかに切り開いていくかが重要となるが，今回の実践では，こうした課題を職員間の話し合いで乗り越えていた。これは，国語や算数のような一人で担当している授業においても同様で，職員室で子どもの様子を話し，教材開発などにおいて**一緒に考えていく職員集団**ができあがっているかどうかが，カリキュラム開発において極めて重要な視点であるのではないかと考える。

一緒に考えていく職員集団が形成されると，その実践には「考え方の基礎」=「哲学」が生まれる。「食」とは何か，「メディア」とは何か，といった考えが教師の中に確固たるものになっていくと，そうした教師の思いは子どもたちにも通じるものである。たとえ，小さな

ものであっても，こうした「**哲学**」は，実践の中で子どもへの関わり方＝指導姿勢（「待つこと」「試行錯誤の保障」など）の確立へとつながっていくことだろう。

(3) 教師の指導姿勢をカリキュラム開発の中に組み込む

　教師の指導姿勢は，カリキュラム開発というよりも教師の資質や指導技術として論じられることが多いものかもしれない。しかし，筆者はこの点もカリキュラム開発の視点として重要であると考えている。例えば，「味の探求」の実践では，教師が子どもの試行錯誤を保障し，間違っていても少し待ってみるという姿勢で授業に臨んでいた。こうした姿勢で臨むことは担当者間で合意されていたからこそ，子どもがりんごから果汁を搾ろうとしたときにすりおろし器だけでなく，金槌やガーゼなどを教室に意図的に置いていたのだろう。「メディア・リテラシー」の実践でも，「千と千尋」の劇づくりの方向に向かっている子どもたちの気持ちを，無理にメディアのほうに向けさせるのではなく，「試しにカメラを持たせて……」という実践展開が可能だったのは，教師間で指導姿勢が共通のものになっていたからだろう。

　カリキュラム開発というものは，**計画の中に教師の思いやこだわりをさりげなく置いていくこと**ではないかと考える。すなわち，「計画」⇒「実践（授業）」⇒「評価」の流れをきれいに組み立てることが大切なのではなく，子どもの実態に合わせて教師が教えたいと思う学習課題と，子どもが学びたいと思うことをつなぎ，柔軟に変化させていくことが大切なのではないだろうか。

(4) 末広がりなカリキュラム開発を

　こうした意味において，カリキュラム開発に必要な教師の資質として「柔軟な心持ち」が挙げられる。計画段階ではテーマを分析し，教師が思いや哲学を持って綿密に計画することが重要であることは言うまでもない。しかし，いざ実践をスタートさせてみると，当初の計画を修正させたほうがよい点が多く出てくることもまた事実であり，柔軟な対応が求められる。このとき，カリキュラムを「ある到達点へ子どもを押し上げていく」といったイメージで捉えていると，柔軟な対応が難しくなるものである。カリキュラムというものは，「子どもが教師とともに歩む道のり」であると考えると，教師が行うカリキュラム開発の課題は，**子どもがどのように変化していくかを想像し，その道のりをイメージすること**であると言えるのではないだろうか。

　このように考えると，総合的な学習の時間を展開するときに大切な視点は，最初からまとめようという意識を持たないことであるとも言える。結果としてまとまるならばよいし，結果としてまとまらなくてもよい，という気持ちで授業に臨むことが大切となる。授業の最後に，学んだことをきれいにまとめるよりも，子どもがやりたいと思ったことをできる範囲で実現させ，その結果を子どもたちや他の同僚教師と見つめ，次の授業展開を常に模索してい

る姿こそ，カリキュラム開発の真の姿ではないか。すなわち，総合的な学習の時間における
カリキュラム開発とは，**末広がりな展開を意識すること**だと考える。

注
1） 新井英靖（2002）「知的障害児の『総合的な学習の時間』創造の視点―軽度知的障害を伴う病弱児の実践を手がかりに」障害児教育実践研究会編『障害児教育実践の研究』第13号，pp.60-66，をもとに執筆した。
2） 平成14年度の茨城大学教育学部附属特別支援学校中学部の実践をもとに執筆した。記述の中に中学部教諭寺門宏美氏の原稿を一部改変して収録した箇所がある。
3） 平成15年度の茨城大学教育学部附属特別支援学校の実践をもとに執筆した。

参考文献
• 荒川智・品川文雄・清水貞夫編著（2001）『障害児の「総合的な学習の時間」』全障研出版部
• 佐藤学（2003）「リテラシー概念とその再定義」日本教育学会編『教育学研究』第70巻第3号，pp.292-310

第2部

「みんな」が主体となる授業をつくる

　第2部では，まず，障害の重い子どもたちの授業づくりに焦点を当てました。障害の重い子どもたちにどのように「学び」を創り出すのか，私たち教師の総合的な授業指導力を発揮するときです。

　「遊び」や「教科指導」の事例を通して，障害の重い子どもにこそ，授業づくりのエキスとなるものを見つけ，専門性を発揮することの大切さを考えてみたいと思います。

　次に，表現活動（美術）の指導事例から，障害のある子ども文化の世界を指導する授業の意義を確かめてみましょう。さらに，特別支援教育でこれまで盛んに実践されてきた作業学習の何を，どのように改革するのかを取り上げています。

　いずれも，「みんな」が輝く授業づくりとカリキュラム開発の方向を提起しています。ベテランの先生方にとって，実践を振り返る契機にしていただくことができると思います。

第4章
重度重複障害児との豊かなやりとりを通した授業づくり

1　はじめに

　紹介する実践は，特別支援学校（肢体不自由）小学部2年生の学級における個別の学習と，発達課題別グループにおける学習である。子どもたちの物の操作の力や運動の発達は乳児期前半，認識の発達は乳児期後半にさしかかる子どもから後半期の子どもまで，ばらつきがある。課題は生理的基盤を整えること，触り分ける・見分ける・聞きとるなど感じ分ける力を育てること，コミュニケーション関係を形成すること，運動機能の向上を図ることなどである。子どもの実態により中心となる課題は異なるが，いずれも教師からの働きかけを支えに人や物に向かう力を太らせ，意欲や主体性を引き出す，感情や要求の表現を豊かにする，という目標を達成するために設定した課題である。中でも，コミュニケーション関係の形成は，重度重複障害児の授業づくりを支えるものとして重要であると考えている。

　重い運動障害や感覚障害，知的障害などが原因で，人や物に向かう力が弱い子どもたちから，教師が共感や意味づけなどによって応答に潜む志向性をどのように引き出すか。子どもの意欲や表現，主体性を尊重するという指導上の目標を，授業の中でどのように実現するか。本章では，発達課題別グループの授業分析を通して，重度重複障害児の授業づくりについて考える。

2　学びの主体となるために

(1)　授業への「構え」をつくる朝の学習活動

　学級では個別に1日が始まる。子どもたちは保護者の自家用車で登校してくる。その日の健康状態や生活リズム，家庭の状況によって登校時刻は異なり，全員で行う朝の会まで，登校直後はコンディションに応じて各自で朝の学習活動を行っている。内容は，検温や排痰，口腔ケア，排せつ，水分補給，リラクゼーションと姿勢づくりなどである。朝の学習活動は生活に密着した大切な日課である一方で，かなり意図的に取り組まないと，子どもたちにとっては，一方的に，座位をとらされお茶を飲む，装具を履かされて立つ，排痰されるといっ

第4章　重度重複障害児との豊かなやりとりを通した授業づくり

た受け身の活動になることも否めない。時間と場面を設定して意図的に取り組む朝の学習活動こそ，子どもたちの授業へ向かう気持ちと身体を整える。

(2) 気持ちをつなぐやりとり

① 排痰をしているとき

「しんどいね」「ここかなあ。ゼロゼロ音がするね。トントンするよ」と話しかけ，タッピングを始めたとたんぴくり。「ごめん。痛かった？」とすかさず言葉をかけ，タッピングの手をゆるめる。瞬時の筋緊張の高まりを，子どもからの「痛い」という訴えと受け止める。続けて首まわりや肩，背中のリラクゼーションをしていると「ふぅーん」と大きく一呼吸。「楽になった？」と再び言葉をかける。

呼吸や視線，目の表情，口元や指先，足のわずかな動き，筋緊張の高まりなど，子どものタイムリーな表出に応じた教師の言語的リアクションは，身体を通して働きかけているときが最もぶれないと実感する。いわゆる意味づけである。また，「苦しい」「不快」と訴えているときや「楽になった」ときの共感，楽にしてくれる教師への信頼はやりとりを手ごたえのあるものにする。この双方向性のやりとりの中で表出は相手に向けた表現となる。

② 学習活動の選択

登校時，きょろきょろして視線が定まらず，あたりを見回すことが多かったA児。落ちつかず，「おはよう」の言葉かけが届いている様子もあまり見られなかった。A児の学習活動は，水分補給と立位台での立位。毎日の活動を一定にして，A児がいつも使用しているピンクのコップと赤い装具を提示する。「おはよう。調子はどう？」「今日はどれがいい？」ピンクのコップと赤い装具を提示しながら毎日同じ問いかけを繰り返す。やがて問いかけに声を出すようになり，その後，提示した物を見比べ「こっちがいい」と応えているようなまなざしが見られるようになった。コップを見つめたとき，「そう。お茶が飲みたいのね」と確認の言葉を返すと，A児は，教師が水筒やタオルを出しコップに注ぎ終わるまでの様子を目で追う。A児のまなざしを，要求の視線であると捉える。意図的に言葉をかけながらお茶の準備を見せることで，自分の学習活動への期待や見通しも育っている。まなざしへの確認後，コップに注がれるお茶。コップに視線を向けるとお茶を準備してくれることが予測できるようになったA児は，選択した内容を要求として伝えることができるようになる。今では，問いかけるとつらそうに泣いたり不快な声を出したりして意思を確かめづらいこともある。それは，睡眠不足や体調不良のときが多いことと関連づけ「したくない」と表現していると受け止めている。

朝の学習活動を支援することを通して，教師は子どもの内面に寄り添い，意欲や主体性の育ちに信頼を寄せる。活動を共有する中で初期のコミュニケーションの力が育つ。日課を，人に向かう力や子どもの表現を引き出す時間・場面・活動として意図的に設定し直し，繰り

返すことで，確かな表現を捉えることもできる。これは，応答関係を軸として展開する重度重複障害児の授業にとって重要なことである。

(3) 授業に向かう身体づくり

　朝の学習活動でのリラクゼーションや姿勢づくりなどは，授業に向かう身体をつくる。
　リラクゼーションは，不快感や苦痛を取り除き，子どもの身体と気持ちを楽にしてコンディションを整える。楽になると，子どもは自分の身体に注意を向けやすくなり，自分自身の動きを感じることができる。安心感も生じ，教師の働きかけを取り込みやすくする。また，座位を中心とした抗重力の姿勢づくりにより，視覚や聴覚の情報が得やすくなる。身体の感覚もわかりやすくなり，覚醒水準が高められる。手は自由になり，手を使った探索活動も広がる。何より，生理的機能が活性化し意欲を高める。そして，身振りや発声が楽にできるとコミュニケーションもとりやすくなる。
　身体の動きを通した働きかけは子どもの自発的な行動を促す重要な接近方法である。単に動きを引き出すというのではなく，教師とのやりとりを支えに，触りたいから手を伸ばす，見たいから頭を上げる，など目的に向かう行動を促すことができる。こうした取り組みを日常的に積み重ねることにより，学習内容や授業展開に向けた学びの構えがつくられていく。
　重度重複障害児が，設定された一時間の授業の中で学びの主体になることは，容易ではない。学びの主体となるための前提ともいうべき内容を，日常の生活場面でていねいに指導することが必要である。

3　「お話遊び」の授業分析

(1)　絵本『おーい　おーい』（さとうわきこ作，福音館書店）

　これは0，1，2歳児を対象とした絵本である。
　『「おーい」って　よんだらへんじして「おーい　おーい」すると　かぼちゃが　へんじした「ぼちゃ　ぼちゃ　どすどす　ずずん　ずずん」』。「おーい　おーい」と呼びかけると擬人化した芋や卵，いすなどが次々と返事をしながら飛び出してくる。「やきいも　ほこほこ　ぽわっぽわっ」「ゆで　ゆで　たまご　ころん　ころん」「いす　いす　すわれ　だか　がた　ごとり」「もしもし　りんりん　ピッポッパッ」「どんでこ　ででん　どでん　どでん」と，返事をしながらみんなが出そろうと「おーい　おーい　みんなで　いっしょに　あそぼうよ」と，さらに呼びかける。そして，ぐるぐる回って遊んでいるとみんながつながってしまい「とうとうこんなになっちゃった」という言葉と，登場人物が丸くつながった絵で終わる。ぐるぐる回る場面では，「ぼちゃ　ぼちゃ　どすどす」「ぽわっぽわっ」「だか　がた　ご

第4章　重度重複障害児との豊かなやりとりを通した授業づくり

とり」などの擬音語・擬態語が全部，一度に登場する。言葉の響きや擬人化した物たちの表情が楽しい絵本である。

(2) お話遊び「おーい　おーい」のねらいと内容

① ねらい
- お話の楽しさを笑顔や声，身体の動きで表すことができる。
- 教師と一緒に声を出して呼びかけたり，表情や身体の動きで呼びかけようとする気持ちを表したりすることができる。
- 呼びかけに対して登場する物の感触を確かめたり，音を聞いたりして楽しむ。
- 登場する物やペープサートの動きを注視・追視することができる。
- 様々な遊具を使って，教師と一緒に楽しく遊ぶことができる。
- 呼びかけに対して登場する物や人に，期待する気持ちを育てる。

② 内容
　一人ひとりに「あいさつのうた」を歌いかけ呼名をした後，作り直した大型の絵本を使って『おーい　おーい』を読み聞かせる。友達や教師と一緒に「おーい　おーい」と呼びかけると，絵本の中で登場する物が，具体物やペープサートで子どもたちの前に現れる。蒸したさつま芋の温かさを手やほおで感じ，においをかぐ。茹でた卵を触ったり，転がる様子を見たりする。おもちゃの携帯電話の着信音を聞いたり，教師と一緒に会話のまねごとをしたりする。がたがた揺れるいすを見る。太鼓をたたく。いずれも，触・嗅・視・聴覚，視知覚・聴知覚を働かせ，具体物にたっぷりかかわる。ペープサートは，擬態語や擬音語に合わせた動きを見て楽しみ，また，「おーい　おーい」と呼びかけると教師が登場し，キューボモビリアやセラピーボールなどで教師と一緒に揺さぶりを中心とした遊びを楽しむ活動もある。

(3) 授業の場面ごとの分析

① 呼名の場面
　「おーなまえ　よびーます　おはよう　おはよう　おーへんじしてね　おーきなこえで　あーくしゅもしよう　おはよう　おはよう♪♪」という自作の「呼名の歌」をみんなで歌う。メイン教師（T1）は呼名する子どもと向き合って歌いかけ，サブ教師（T2，T3，T4）は歌に合わせて担当している子どもの手を振ったり肩をタッピングしたりする。「呼名の歌」は一人ずつ呼名する度にみんなで歌う。呼名時，T1は，返事を促す働きかけ方を子どもの表出の程度に応じて変えていた。表情がほとんど変わらず，右手指のわずかな動きで表出するA児に対しては，右手の甲を歌や呼名のリズムに合わせて軽く指でタッピングして表出を待つ。呼名の声の大きさも控え目である。時折笑顔が見られるB児に対しては，両手を大きく揺さぶり，笑顔を引き出しながら呼名する。リズミカルな抑揚をつけた呼名はC児に。D

児の前では「はーい」と言いながら，何度も手を上げて見せた。

そして，個々の子どもに同じ働きかけを繰り返すのではなく，声の高さやアクセント，手の揺さぶり方などを，少しずつ変えて表出を待っている。表出までの時間に差はあるが，子どもたちからは，笑顔や声，背伸びをするような身体の動きなど，呼名とセットになった働きかけに対してそれぞれ表出があった。ただ，A児の場合，サブ教師はまばたきを，T1は右手指のわずかな動きを返事として捉え，ずれがあった。A児のように自発な動きがかなり微弱な子どもは，返事として意味づけできる表出について，定位反応を手がかりにして教師間で共通理解を図っておくことが不可欠である。

重度重複障害児の授業では，呼名を重視し，時間をかけてていねいなやりとりをする。

この授業では，「呼名の歌」やT1が子どもの前に立つことにより，呼名に対する注意を喚起している。そして，ただ呼名するだけではなく，音楽や呼びかけに合わせて身体をタッピングしたり手を揺さぶったりすることで，子どもたちはより注意を向けることができている。また，呼ばれているのが自分の名前であるという理解ができている，できていないにかかわらず，自分だけに向けられている教師の呼名と働きかけに，視覚・聴覚と気持ちの焦点を定めていく過程で，表出は応答になり，期待という主体的な気持ちの高まりも生まれている。

② 「おーい　おーい」と呼びかける場面

『「おーい」って　よんだら　へんじして　「おーい　おーい」』と呼びかける場面で，子どもたちが教師と一緒に「おーい　おーい」と呼びかける学習行為がある。絵本では，呼びかけるのは最初だけで，最初の呼びかけに，擬人化した食べ物や身の回りの物が，次々と返事をしながら登場する展開となっている。これを，授業では「おーい　おーい」と呼びかける度に何かが目の前に登場するように設定している。サブ教師たちは，「おーいって呼んだら，かぼちゃさん出てくるかなあ」「おーい　おーいって呼んでみる？」など，それぞれの子どもに注意を喚起したり応答を促したりする言葉をかけた後，「おーい　おーい」と声をそろえて呼びかける。

教師は子どもと一体になって学習行為を共有しながら，呼びかけようとする表出としての子どもの発声や表情の変化，身体の動きなどを様々な働きかけで誘うが，ここで問われるのが誘いの質である。呼びかけることは，登場してくる物への期待を伴ってこそ主体的な呼びかけになり意味を持つ。つまり，誘いの質とは，期待を生む状況づくりや期待を生む働きかけができたかどうか，という内容・展開をさす。単に発声を促すことではないし，そばで呼びかける教師の声に注意を向けさせることでもない。

誘いの質ということについて考察するために，呼びかけに対して物が登場する場面を分析してみる。

サブ教師たちが「おーい　おーい」と呼びかけると，T1は，大型絵本の後ろに用意している物を取りに行き，個々の子どもに見せる。芋や卵，太鼓などが次々と子どもたちの目の

第4章　重度重複障害児との豊かなやりとりを通した授業づくり

前に現れた。この物の登場のさせ方は，期待を生む状況づくりとして有効であったかどうか。呼びかけに対してすぐに物が登場するほうが，行動に結びつく。結果として，このグループの子どもたちにはわかりやすいのかどうか。例えば太鼓の場合，子どもたちに見えない所で太鼓をたたき音を鳴らす。「ん？　なんだろう」と注意を引きつけたところで，「おーい　おーい」と呼んでみる。一度の呼びかけで太鼓は登場しない。しかし音は続く。子どもたちの注意が高まった表情の変化を待って再び一緒に呼びかける。何度か繰り返す。ときどきちらりと太鼓を見せる。そして，子どもたちの注意の集中を見計らって，T１が太鼓をたたきながら登場する。このように，呼びかけから太鼓の登場までの一連の誘いにおいて，T１と子ども，サブ教師と子ども，T１とサブ教師の間で意図的に「間」をつくってみてもよかったのではないだろうか。

　太鼓が登場するまでの間と注意が高まった表情の変化を待つ間。前者は音による注意喚起後，教師が太鼓をたたきながら登場するまで注意を持続させる間，後者は子どもたちの情動の高まりや自発性を導く間である。これらの間をもった働きかけにより，期待を伴った呼びかけを誘うことができ，注意を持続させたり自発性を導いたりするためにどう働きかけるかが，有効な間になるかどうかを決めているように思う。

　また，一連の誘いで重要な役割を担っているのが，サブ教師たちである。太鼓の音が鳴る方向を指差しながら「ほら，あそこからどんどんって音が聞こえるよ」と言葉をかけ，太鼓がちらりと見えたときには，子どもが太鼓を捉えやすいように姿勢づくりをしながら「あっ，見て。太鼓だ」と言葉をかける。肩をとんとんとたたいて注意を促す。子どもの「見る・聞く」力に応じて，太鼓への注意を維持するためのていねいな個別の働きかけやコミュニケーションが，サブ教師に求められる。この個別の共同注意が，サブ教師たちの誘いによる集団的な注意の高まりの中で集団の共同注意へと変わり，さらに子どもたちの期待を膨らませると考える。みんなで「おーい　おーい」と呼びかける学習行為が，単にサブ教師たちの声をそろえたガイドとしての呼びかけになるのか，子どもたちから緊張や注意が高まった表情，発声，身体の動きを引き出す呼びかけになるのか，これは，期待の生み出し方に関連がある。

③　登場する物とたっぷりかかわりながら，言葉の響きを楽しむ場面

　みんなで「おーい　おーい」と呼びかけると，本物のかぼちゃが登場した。T１は子どものテーブルの上に「どすっ」と言いながらかぼちゃを置く。サブ教師が子どもの両腕を支えて一緒にかぼちゃを触ったり持ち上げたりする。「重たいねえ。ずしっずしっ」「よいしょ」と言葉に重さをこめて再び一緒に持ち

上げる。テーブルからかぼちゃを押し出すように手を動かす子どもには，押し出す動きを支援する。落ちかけたかぼちゃを，Ｔ１が「どすっ」と言いながら大げさな動きで受けると，「どすっ」という響きに対してか，教師の大げさな動きか，それとも両方に対してか，タイミングよく笑顔が返ってきた。

　「やきいも　ほこほこ　ぽわっぽわっ」は，焼き芋の代わりに蒸したさつま芋を教師と一緒に両手で包み込んだり，ぽくっと割っておいを嗅いだりして「ほこほこ」を味わう。傾けたボードの上から，「ころん　ころん」と言いながら子どもの手元に卵を転がし「ゆでゆで　たまご　ころん　ころん」。「もしもし　りんりん　ピッポッパッ」は，おもちゃの携帯電話のボタンを「ピッ」「ポッ」「パッ」と言いながら押し，「もしもし」と会話のまねごとをして遊ぶ。おもちゃとはいえ，呼び出し音は生活の中でなじみがあるためか，目や身体の動きが止まり音に集中している。太鼓は，教師に手を添えてもらいたく活動が中心で，たたくタイミングに合わせてＴ１が「どんでこ　ででん……」と再現した。このような活動を，一人ずつ順番に，子どもたちは教師と一緒に繰り返した。

　この場面を見ていて気になったことは，擬音語・擬態語の楽しさを教師はどのように子どもたちに伝えようとしたのだろうか，ということである。自ら言葉を発したり聞いたりして，響きの心地よさや楽しさを経験することが難しい子どもたちだからこそ，「どのように」という「方法」は重要であり興味深かった。

　かぼちゃの「ぼちゃ　ぼちゃ　どすどす　ずずん　ずずん」という世界は，本物のかぼちゃを「どすん」とテーブルに置き，教師と一緒に「よいしょっ」と持ち上げようとすることで伝わっただろうか。持ち上げることにより体感する「重さ」は日常的な経験がないと難しい。このグループの子どもたちにとって「どすどす」は，かなり強調した「どすどす」でないと伝わらない，むしろ強調して伝えたい。どのように強調するか，検討する必要があった。

　卵の「ころん　ころん」はどうであろう。「ころん　ころん」は不規則な転がり方であると捉えるが，斜めに傾けたボード上を卵はいっきに転がり，子どもたちが目で追うには早すぎたし，転がり方は滑らかな「ころころころー」であった。「ころん　ころん」の解釈が，再現の仕方に影響している。「やきいも　ほこほこ　ぽわっぽわっ」の「ほこほこ」や「ぽわっぽわっ」になると，子どもたちに伝えるには相当工夫が必要だ。「ほこほこ」は確かに温かくておいしそうな食べ物から連想できるが，蒸した芋を割っておいを嗅ぐだけでは難しいように思う。いずれも，この授業では「どすどす」「ころん　ころん」「ほこほこ」など，言葉の響きや楽しさに，具体物を使ってリアルに迫りすぎていた。

　このグループの子どもたちにとって，五感を総動員して具体物にかかわることは「物やことをわかっていく」過程で重要である。しかし，絵本の世界は，具体物で遊ぶことにより内容の理解が進むわけでもないということに注意が必要であろう。それどころか，たっぷり具体物へかかわる（感覚や操作の重視）ことにより，教材として授業で迫りたかったことの焦

第4章　重度重複障害児との豊かなやりとりを通した授業づくり

点がぼやけるという危険性をはらむ。

あれもこれもで迫りすぎずに，声の抑揚やトーン，声色の変化（谷川俊太郎氏が言う「スキンシップ的な声」[1]）で，教師が擬態語・擬音語の響きや楽しさを表現し伝えるといったシンプルな読み聞かせの有効性を試してもよかったと思う。

4　よりよい授業づくりのために

(1)　教師の「誘い」

重度重複障害児の授業では，授業過程の導入から終結に至るまで，教師と子どもの相互作用における教師の「誘い」が重要であると考える。言わば，途切れない「誘い」が貫かれているのが，重度重複障害児の授業の特徴でもある。この誘いは，子どもの微弱な表出を手がかりにして，教師がいかに教師の意図や教材の世界に子どもを方向づけるか，ということを意味する。

一方，子どもの「表出」は，教師の意図を持った働きかけに対しての応答と捉え，表出が予測できることを前提としている。しかし，どこまで予測できるかという予測の限界もあると考え，受け手の教師にとって意味がある表出と意味が不明な表出を区別している。また，反応がない場合も表出と捉え，これも，反応がない理由がわかる場合とわからない場合を区別している。さらに，教師の誘いに対する子どもの表出は，誘いに応じた意図的な表出と，誘いとは無関係で意図がない表出があると考える。授業場面では，教師の誘いに子どもが巻き込まれながら，子どもも意欲や意図を明確にして，自分の意図に教師の応答を引きつけていくという相互作用が，個人または集団で繰り広げられる。

授業場面で見られる子どもの「表出」や教師の「誘い」の内容については，表4-1（次頁）と表4-2（45頁）のように整理してみた。

メイン教師（T1）の誘いは，動作や言葉かけで注意を喚起する，応答を促す言葉かけをする，子どもの気持ちが活動に向いているとき，状況の確認と共有，意味づけをする「指示・応答」が中心である。次いで，操作する物を見せたり具体的な操作を示す「演示」が多い。サブ教師の場合も，T1と同様に動作や言葉かけで注意を喚起する，応答を促す言葉かけをする「指示・応答」が多く，この言葉かけは，T1の言葉の反復が多いことが特徴である。これに，具体的な行動を支援する，自発的な動きを引き出しやすいように姿勢を整える「身体への支援」や具体的な行為をして見せる「演示」が加わる。そして，サブ教師の誘いで重要になるのが，一体になってその子どもの持つリズムで学習行為を共有する「共演」である。

サブ教師の誘いは，ペアになっている子どもの実態により，その内容・量に違いがある。視覚的な情報を得にくい子どもに対しては，頻繁に状況を説明する言葉かけをしたりT1の

43

表 4-1　子どもの表出

A　身体の動き	ア	頭部を動かす	
	イ	指を動かす	
	ウ	片手または両手を動かす	
	エ	片手または両手を人や物に伸ばす	
	オ	足を動かす	
	カ	姿勢を保っている	
	キ	じっとしている	
B　視　線	ア	人や物を追視する	
	イ	人や物を注視する	
	ウ	瞬間的に人や物を注視する	
	エ	まわりの様子を見る	
	オ	視線の焦点が定まらない	
	カ	目を伏せる	
C　表　情	ア	笑顔になる	
	イ	かかわりや状況を受け入れている表情になる	
	ウ	おだやかな表情になる	
	エ	瞬間的に気持ちがはった表情になる	
	オ	かたい表情になる	
	カ	不快な表情になる	
	キ	表情が変わらない	
	ク	覚醒が低下した表情になる	
	ケ	眠る	
D　発　声	ア	声を出して喜ぶ，笑う	
	イ	話しかけたり応えたりするように声を出す	
	ウ	声を出して泣く，怒る	
	エ	声が出る（アー，ウー，エー）	
	オ	自己刺激的な声を出す（ブッブッ，ギーギー）	
	カ	声を出して喜ぶ，笑うが意味が不明である	
	キ	声を出して泣く，怒るが意味が不明である	
	ク	ぐずる	
	ケ	声が出ない	
E　筋緊張	ア	反射性の筋緊張がある	
	イ	志向的な筋緊張がある（手を出そうとして，見ようとして筋緊張が高まる）	
	ウ	筋緊張が低下する	
F　呼　吸	ア	呼吸のリズムが乱れていない	
	イ	呼吸のリズムが乱れる	

第4章　重度重複障害児との豊かなやりとりを通した授業づくり

表4-2　教師の誘い

A　姿勢づくり	ア	アイコンタクトがとれるように姿勢をつくる
	イ	感覚を受容しやすいように姿勢をつくる
	ウ	気持ちを向けやすいように姿勢をつくる
	エ	気持ちを起こすように姿勢をつくる
B　指示・応答	ア	発声に対してあいづちをうつ（ウン，ソウ；応答の意図が定まらない場合も含む）
	イ	発声を模倣して声を出す（アー，フーン）
	ウ	発声や表情，視線，動作に対して応答する（ジョウズダネ，モットアゲテ，ヨクミテルネ；子どもの動作の共有と意味づけ，擬態語での意味づけ）
	エ	発声や表情，視線，動作から読み取れる気持ちを共感して代弁する（ヤリタイノ，ビックリシタネ，ウレシインダ）
	オ	動作や言葉かけで注意を喚起する（ホラッ，ココダヨ，〜チャン，モットオオキクユレルヨ；働きかけの変化への呼びかけ）（T1の言葉の反復）
	カ	応答を促す言葉かけをする（〜シタイヒト？，モウイッカイスル？，ドッチガイイ？）
	キ	子どもの気持ちが活動に向いているとき，状況の確認と共有，意味づけをする
C　演　示（説明しながら・教師の動きを言語化しながら）	ア	具体的な行為をして見せる（ボールをころがす，トランポリンの上で跳ぶ等）
	イ	操作する物（ビッグマック，おもちゃ等）を見せる
	ウ	具体的な操作を示す（スイッチを押して見せる）
	エ	教師が教具として演じる（登場人物になって演じる，遊具になって動かす等）
	オ	学習の場へ意識づける（暗転を意識づける，海の雰囲気を意識づける等）
	カ	学習の内容へ意欲づける（教具や準備物等を意識づける）
D　共　演		一体になって，その子どもの持つリズムで学習行為を共有する（中心的な学習内容に限定した場面でのはたらきかけ，共に体験する）（共同注視は含まない）
E　身体への支援	ア	感覚を受容しやすいように姿勢をととのえる
	イ	自発的な動きを引き出しやすいように姿勢をととのえる（手を出しやすいように上体を起こす，見やすいように頭部を支える等）
	ウ	自発的な動きを引き出すように誘導する（手を差し出して子どもが手を出しやすいように誘う等）
	エ	具体的な行動を支援する（スイッチを押す時に手を添える，いっしょに引っ張る等）
◎間　教師間（T1，T2…）教師―子ども間	○	注意が高まった表情の変化を待つ
	○	注意が高まった自発的な発生を待つ
	○	注意が高まった自発的な動きを待つ
◎雰囲気づくり		協調した掛け声や歌等で，状況に応じた集団の雰囲気を高める

言葉を反復したりする。連続した注意を喚起する言葉かけにより，子どもは徐々に気持ちがはった表情を見せる。また，わずかではあるが自発的な動きがある子どもに対しては，自発的な動きを引き出しやすいように姿勢を整える誘いを頻繁に意図的に行い，身体の動きを導いている。たいていの場合，Ｔ１の言葉の反復や，注意を喚起する「指示・応答」により学習活動へ気持ちを向けるように促し，気持ちをつなげる適切な「身体への支援」で，できる状況を作るといった複合的な誘いである。

授業の過程においては，メイン教師（Ｔ１）が中心になり，サブ教師が子ども一人ひとりをＴ１，提示される教材に向かわせ，活動を支え，間を持ち，集団だからこそ可能な活動や雰囲気を作り出している。サブ教師が子どもの活動の援助者であり，Ｔ１と共に集団的な高まりをいかに作るかということだけでなく，集団の指導のよさを生かしきるために，子どもとＴ１とサブ教師，教材との関係を，どう作り出していくかをていねいに考えることが課題であろう。その際，Ｔ１との関係の中で，サブ教師の役割の多様性や連携した誘いといった構造的な把握，Ｔ１とサブ教師の「タクト」[2]の関係，個々の子どもや子どもの集団に対する教師集団の「タクト」といった視点からの検討が求められる。

(2) 「共演」と「演示」

学習内容や学習行為に主体的に向かう力を太らせるために，教師と子どもが一体になって，その子どもの持つリズムで学習行為を共有する「共演」や「演示」（表4-2参照），中でも教師が教具として演じる「演示」を筆者は重視している。

「共演」は中心的な学習内容に限定した場面での働きかけとし，上述した授業「お話遊び」では，サブ教師と子どもたちが登場する物に「おーい　おーい」と呼びかける場面で共演が行われている。身体への支援や指示・応答で誘いながら，あたかも子どもが期待（かぼちゃさん出てくるかなあ）しているかのように，また，声を出して呼びかけているかのように，気持ちの高まりも共有しながら教師が学習行為に入り込む。単に「一緒に」ではなく，教師も子どもも共に主体となって学習行為を行うことが有効な共演である。教師も主体になりきった有効な共演の過程では，子どもが主導して教師を誘うという転換もある。共演の質を高めるためには何が必要か，教師間での分析が必要であろう。

「お話遊び」では，「演示」が行われていなかったが，次のような演示も設定できたのではないかと考える。例えば，かぼちゃや卵が登場する場面。教師自身が巨大なかぼちゃになり登場，「どすどす　ずずん」を表現するといった演示である。ここで求められるのは，「どすどす　ずずん」をどう伝えるかという解釈に裏打ちされた教師の表現力である。卵の場合，卵になった教師に抱かれ，おきあがりこぼしのように一緒に揺れて「ころん　ころん」を共有することもできるだろう。これもまた，「ころん　ころん」の解釈が明確かどうかが伝え方に影響する。いずれにせよ，教師と対面しての情動的な交流があればこそ主体性を発揮す

る子どもたちの実態（発達段階）を考えると，物やその操作よりも，教師が教具になって演じる「演示」を積極的に行うことを提案したい。

(3) 教材解釈

まず，絵本で授業づくりをする場合，絵本を介して人とのやりとりを楽しんだりコミュニケーションの力を育てたりするのか，絵本の世界の理解を促すのか，ねらいを明確にしておく必要がある。

発達段階が乳児期の子どもたちを対象に絵本を教材とした授業づくりをする場合に，紹介した「お話遊び」のように，絵本の世界で遊ぶことを通して絵本の内容に迫ろうとすることがある。そこには「ことばの文化と絵の文化が融合した絵本の世界」[3]を理解することが難しい子どもたちであっても，絵本の楽しさを伝えたいという願いや（発達段階に応じて）絵本の内容をわかるというねらいを，遊ぶことで実現しようとした教師の意図がある。

ここで検討が求められるのは，絵本の内容に迫ることができる遊びの内容であったかということである。再び上述した「お話遊び」の授業分析にふれると，たっぷり時間をとって太鼓をたたいたことや卵を転がしたこと，電話で遊んだことなどが，教師が教えたかった擬態語・擬音語の響きや楽しさとどうつながったか，なぜそれたかを評価しながら，教材解釈の共通理解に立ち返ることが不可欠であろう。

絵本『おーい　おーい』を選択した理由，呼びかけの「おーい　おーい」と登場する物の擬態語・擬音語が繰り返されているだけのシンプルな内容の解釈の仕方，そこから導き出された教えたいもの，教師の教材の解釈を子どもの解釈につなげる方法などが明確になって，子どもは教材に意識を向ける。

5　おわりに

重度重複障害児の授業づくりにおいて重要なことは，子どもの学習活動に寄り添いながら，（時に，子どもの立場になって共に学習活動に取り組みながら）徹底して学習内容に子どもを誘うことであると考える。決して教師の一方的な働きかけのことではなく，学習内容に向かう子どもの意欲や力が途切れないようにつなぐという意味での誘いである。

なぜ，誘うか。それは，子どもの「主体性への無条件の信頼」[4]があるからである。「潜在的な可能性としての主体性」[5]を信頼し誘うことで，子どもの中からやってみようとするアクションを引き出すことができるということを，これまでの自他の実践で，確かめることができたように思う。ただ，有効な誘いになるためにはいくつかの条件がある。

第一に，教師と子どもで応答関係が成立していること。

第二に，子どもの中に期待が生まれていること。（この期待は学習内容や対面している教

師に向けられた期待である。)

　第三に,それ自体が誘いとなる集団の活力や共同認識があるかどうかである。

　これらの条件とともに「潜在的な可能性としての主体性」は「真の主体性に転化しうる」[6]誘いの質を探っていくことを実践課題としたい。さらには,子どもにとってわかる状況を作っていくこと。つまり,教師と子ども間のコミュニケーション,子どもと教材間に生まれる興味・関心,教師と教材間の解釈・方法など,一つひとつ,または,これらの重なりや,学習形態,ティーム・ティーチングのあり方を検討することも必要である。

　わかることを通してできるようになった子どもは,できたという実感を持って輝いている。

注
1) 絵本town編集部編(2007)『クレヨンハウス絵本town』クレヨンハウス,p.10
2) 子どもの表情を読み取る力(感応力)や子どもに対して心身を一体化させて語りかける力(表現力)を意味する。(日本教育方法学会編(2004)『教育方法事典』図書文化,p.326参照)
3) 全障研埼玉支部麦の会(1998)『子どもに文化を手渡すとき』群青社,p.66
4),5),6) 白石正久,河南勝,原田文孝,三木裕和(1997)『重症児の心に迫る授業づくり』かもがわ出版,p.268,及び,堺るり子(2002)「こころとからだを開く授業づくり」湯浅恭正,冨永光昭編著『障害児の教授学入門』コレール社

参考文献
• 白石正久(1994)『発達障害論　第1巻研究序説』かもがわ出版
• 湯浅恭正(2006)『障害児授業実践の教授学的研究』大学教育出版
• 湯浅恭正,冨永光昭編著(2002)『障害児の教授学入門』コレール社
• 障害者問題研究編集委員会(2006)『障害者問題研究 vol.33,No.4』全障研出版部
• 佐伯胖(2004)『「わかり方」の探求』小学館

第5章
重度重複障害児の教科指導

1　はじめに

　障害のあるなし，障害の軽重にかかわらず児童・生徒たちには，「知りたい」「読んでみたい」「聞きたい」など，その表出の仕方は様々であっても知的欲求や知的好奇心の高まりは必ずある。その学びたいという気持ちの高まりに対し，我々教師は，生活という視点やスキルの習得といった視点だけではなく，文化という視点や系統的・発展的という視点などを踏まえて応えていく必要があるのではないかと考える。

　我々教師は，児童・生徒の現在あるいは将来の生活が豊かで充実したものであればと願っている。そのため，学校においても生活に根ざした内容を生活に近い形で学習させるということに目を向けてしまうことが多い。特に障害が重くなれば，そのような思いは強くなり，生活単元学習や自立活動を中心とした教育課程が展開されるように思う。

　このような中，今，児童・生徒たちを前に，教科指導について時間を設定し実践することの大切さを感じている。

(1)　教育課程における教科学習の位置づけ

　長崎大学教育学部附属特別支援学校では，ここ数年，「教育課程の再編」をテーマに教育課程の再構築を行ってきた。「自己の形成」をキーワードとした小・中・高の一貫教育の実現に向けて，教育目標や内容の模索や検討，学習指導要領等との照合を行い，学習内容を『くらし』『いきがい』『まなび』『からだ』の4つの区分に分類した。そして，これらの区分を領域・教科を合わせた指導として教育課程に位置づけた。

　区分はいくつかの指導形態によって構成されているが，その中で，より教科に近い学習として，『くらし』においては「家庭生活」，『いきがい』においては「芸術（音楽・美術）」，『まなび』においては「言語」「数量」（小学部では「ことば」「かず」，中学部では「国語」「数学」），『からだ』においては「朝の運動」「スポーツ」などが挙げられる。

(2)　「言語」「数量」の内容について

　言葉や文字は，自らが環境に関わったり，環境から情報を読み取ったりする上で重要な手段である。また，意思の伝達，思考，自己統制といった機能もあり，実際の生活に必要な力

だと考えられる。そこで，このような力を高めるために「言語」という学習を設定した。学習内容としては「話す」「書く」の表出に関する内容と「聞く」「読む」の理解に関する内容を系統的に発展させながら学習を進めている。

　大小の理解，数系列の理解，数の理解など，日々の生活の中でも数量的な事項を処理する力はいろいろなところで使われている。「数量」の学習では，数量的な知識を身につけるとともに，物事の道筋を考えていく力についても高めたいと願っている。学習内容としては，「数える」「数字の読み書き」「合成・分解」「加法・減法」の「かず」に関する内容と「比較・測定」「お金」「時計」の実務に関する内容を個やグループの実態に合わせ学習を進めるようにしている。

2　高等部における「言語」「数量」の実践

　ここでは，高等部における「言語」「数量」の実践を紹介する。この実践は，本校の前教育課程で実施したものであり，単元名や目標等については，現教育課程と照らし合わせた形で提示している。

(1)　授業の概要

〇グループ編成

　「言語」「数量」については，どちらも高等部全体（24名）を課題別の4グループ（A～D）に分けて授業を実施している。今回取り上げた授業実践は，この4グループのうちDグループ（3名）の実践である。

〇生徒について

　3名とも本校の中学部より進学した生徒のため，学年が違っていても一緒に学習する機会が多く，名前を呼び合ったり，話しかけたり，互いを意識し合って学習に取り組む様子が見られる。3名の言語や数量について学習の実態を以下に示している。

＜1年生のXさん：ウィリアムス症候群，MA：2歳2カ月，IQ：13＞

- 自分から人との関わりを求めたり，要求をしたりと，発語はないもののコミュニケーションに対する意欲は高い。鉛筆やペンで書くことへ興味の高まりが見られ，線やなぞり書きをしようとする様子が見られる。
- 1対1の対応をしたり，1～3までの数字であれば教師の数唱に合わせて指で指しながら数えたりすることができようになっている。

＜2年生のYさん：染色体異常，MA：2歳11カ月，IQ：17＞

- 発音は不明瞭であるが，普段生活の中でよく使う言葉を使うことはできる。友達や教師に自分から話しかけたり，話を聞いたりして会話を楽しむ様子が見られる。

第5章　重度重複障害児の教科指導

- 数唱に合わせて数を数えることはまだ難しいが，1対1の対応や1～5までの数唱はできる。

＜3年生のZさん：ダウン症候群，MA：3歳，IQ：18＞

- 初めての人や慣れない人前では，自分から話すことは難しいが，家族や親しい友達，教師であれば自分から話しかける機会が多くなった。自分の思いを伝えたいという気持ちの高まりが感じられるようになっている。
- 1対1の対応をしたり，1～3までの数字であれば教師の数唱に合わせて指で指しながら数えたりすることができようになっている。

(2) 「言語」の授業実践

① 単元の設定について

単元は，「応えたり伝えたりしよう」と「話を聞いたり本を読んだりしよう」の2つの単元を表5-1に示しているような配列で実施している。「応えたり伝えたりしよう」では，「話す」「書く」を中心に言葉やカード，サインなどを使って「表出」に関する内容を設定している。自己紹介や伝言などの生活の場で生かせるような内容を設定し，表現する力を高めることで，生活をより豊かにしたいと考えている。「話を聞いたり本を読んだりしよう」では，「聞く」「読む」を中心に「理解」に関する内容を設定している。身近な人の話を聞いたり，絵本などを読んだりすることで，内容を理解する力を付けるとともに人とのやりとりや物語を楽しむ気持ちも育ってほしいと願っている。

表5-1　年間の単元配列

月	4	5	6	7	9	10	11	12	1	2	3
単元	応えたり伝えたりしよう						話を聞いたり本を読んだりしよう				

- 年間の計画のうち，6月と9月は現場実習が実施されるため，言語の授業は実施していない。
- 網掛けで表示した単元について，指導計画を表5-2に示している。

表5-2　単元の指導計画

期　　間	11月～3月	教 科 名	言　語	学習グループ	Dグループ
単元名	話を聞いたり本を読んだりしよう				
単元の目標	○話を聞いたり，絵本を読んだりすることを通して，大まかな話の内容を聞き取ったり，理解したりする力を高める。 ○内容を話すことを通して，コミュニケーションの力を高める。				
学習内容		題材名（月・時間）		指導の意図・留意点・準備物	
○話を聞くときのマナーを知る ・相手を見て聞く ・返事をする		○『友達の発表を聞こう』 （12月2時間）		○『友達の発表を聞こう』では，教師とやりとりをしながら，発表を行うようにする。	

○友達の話を聞く ・教師の質問を聞く ・聞いたことを絵カードで選ぶ ・聞いたことを言葉やサイン，指さしで伝える ・話を聞いて行動する		○クラスでしたことや休日に家でしたことなどの情報を事前にクラス担任や保護者から聞いておき，キーワードとなる言葉の絵カードを準備する。
○絵本を読む ・教師の読み聞かせを聞く ・挿絵を見る ・ペープサートを見る ・ペープサートを使って台詞を言う ・動作をしながら台詞を言う	○『「ねずみのよめいり」を読もう』 ・「お話を聞こう」 （1月2時間） ・「ペープサートをしよう」 （2月2時間；表5-3に学習過程を提示）	○「ねずみのよめいり」の絵本は各自1冊ずつ準備し，自分で自由に挿絵を見たり，ページをめくって楽しめたりできるようにする。 ○話の内容を動作で表現したり，台詞として言ってみたりすることで内容を読み取れるようにしたい。
○絵本の内容を話す ・登場人物を言葉や，指さしで答える ・登場人物のしたことを言葉やサイン，指さしで答える ・挿絵を順番に並べる ○活動を振り返る ・ワークシートに写真やカードを貼る ・ワークシートに記入する	・「発表をしよう」 （3月1時間）	○友達の前で話す活動やワークシートでの学習は毎時間設定し，活動の見通しを持たせ，話すことや書くことに自分から取り組めるようにしたい。

② 『「ねずみのよめいり」を読もう』の学習について

○題材の構成について

　本題材は，表5-2に示したように全5時間で設定している。毎時間の授業では，前題材で学習した『友達の発表を聞こう』についても内容の定着を図るため，始めの10分程度を使って自分のしたことについて発表する学習を行うようにし，後半の30分で『「ねずみのよめいり」を読もう』の活動を行うように設定している。

　題材の計画とねらいは以下のように考えている。

・「お話を聞こう」：教師の身振り手振りを加えた読み聞かせを聞き絵本への興味を持つ。

第5章　重度重複障害児の教科指導

- 「ペープサートをしよう」：ペープサートを見て登場人物やおおまかな内容などを視覚的に捉える。
- 「発表をしよう」：自分たちでペープサートを使ったり，劇風に動作をつけたり，台詞を言ったりすることで話の内容や気持ちを捉える。

○『「ねずみのよめいり」を読もう』学習指導案

　『「ねずみのよめいり」を読もう』の学習は5単位時間を使って実施している。以下に示した学習指導案は，3／5時間目「ペープサートをしよう」について学習のねらいと学習過程を示したものである。

＜学習のねらい＞
- ペープサートを楽しみながら登場人物や物語の大まかな流れを知る。

表5-3　学習過程

学習活動	指導の意図・働きかけ	備　考
1．自分のしたことを発表する ○教師の質問に答えながら発表する ○文字カードや絵カードを選びながら発表する	・事前に休日にしたことなどを保護者より聞いておきキーワードとなることについて文字カードや絵カード，写真を準備しておく。 ・皆の前に立つことで発表する気持ちを高めるように呼びかけたり声かけをしたりする（写真5-1）。 ・話のタイミングに合わせたり，話をリードしたりしながら文字カードや絵カードを選ぶことができるようにし，やりとりをしながら進めるようにする。 ・聞いている生徒にも「○○さんはどこへ行ったの？」と尋ねたり，答えを待ったりしながら聞く気持ちを持つことができるようにする。	写真5-1 ・名前等の文字カード ・お店や食べ物の等の絵カード
2．「ねずみのよめいり」のペープサートを見る ○登場人物の絵カードを見る	・「さあ，次はなにがでてくるかな」等の物語の展開や登場人物への期待感を高めるような声かけや話し方を工夫する。 ・人物の特徴を表す言葉，例えば「太陽」は「キラキラ太陽さん」，「風」は「ピュウピュウ風さん」	・「ねずみのよめいり」の絵本（各自用） ・ペープサート用の紙人形 ・挿絵を大きくコピーしたもの

53

○登場人物を動かしながら見る	等を使い登場人物のイメージを膨らませたり，印象づけたりしながら読み進める。 ・生徒自身も実際に登場人物の人形を手にとったり，動かしたりするような場をつくり楽しめるようにしたい。	
○絵本の挿絵と比べながら見る	・手もとの本のページをめくりながら挿絵と人形をマッチングし，本を読み進めている気持ちや雰囲気を味わうことができるようにしたい。	
3．ワークシートで学習を振り返る	・人形や挿絵を見ながら記入したり，貼ったりすることができるように個々に教材を準備しておく。	
○名前を書く	・自分の名前カードを選んだ後，ワークシートになぞり書きで名前を記入する。	・名前のワークシート
○登場人物のシールを貼る	・「お父さんネズミ」「お母さんネズミ」等，言葉を言いながらシールを貼ることで絵と言葉を結び付けるようにしたい。	・登場人物のワークシート
○登場人物の名前を書く	・3人とも書くことには，意欲的なので，文字カードを見たり，なぞり書きをしたりする場を必ず設定するようにし，文字への関心をさらに高めるようにしたい。	教材 5-1

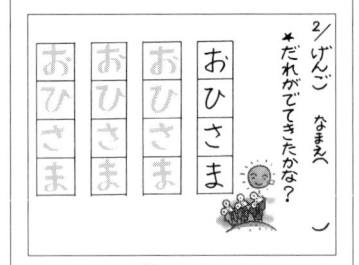

○授業を振り返って
・休日にしたことを発表することは，回を重ねるごとに生徒たちの笑顔や得意そうな表情が多くなり，人前で話すことへの自信がうかがえるようになった。事前に担任や保護者から情報を得ておくことで，話のやりとりがスムーズになり伝わらないもどかしさを軽減できたように思う。
・話すことへの自信がつくと聞くことへの興味・関心も高くなり，友達のしたことや言ったことをクラスや家庭で話題にする様子も見られるようになった。

- 「ねずみのよめいり」はペープサートを使ったり，劇風に取り上げたりしたことで，生徒の物語に対する関心が高く，毎時間自分から本を広げたり，登場人物の様子を「風さんぴゅーぴゅー強いね」など話したりする様子があった。言葉で自分の思いを表現することが難しいXさんも挿絵を指さしたり，読むように教師に絵本を差し出したりすることが多かった。
- 「ねずみのよめいり」の教材は，登場人物が身近なもので，内容が同じ形で繰り返されるため生徒にとってはわかりやすかったようである。風の音や壁をかじる動作など状況を生徒たちがイメージできるように，内容の台詞化や動作化，具体物の提示などの手だてが有効であることを改めて感じることができた。
- 文字を読んだり，書いたりすることの難しい生徒たちであるが，文字への関心は高く，友達や教師の名前カードを取ったり，自分の名前を書いたりする活動に意欲的に取り組んでいた。知的好奇心の高まりも大切にしたいと考える。
- 40分の単位時間を「発表する」「絵本を読む」「ワークシートを書く」と生徒が集中できる時間を考えて，活動を組んだり，授業への見通しが持てるようにしたりして授業の構造化を図ることも大切と考えるが，物語などの教材の場合は，じっくり一つの活動に取り組むことも大切のように感じた。

(3) 「数量」の授業実践

① 単元の設定について

　単元は，「よく聞いて考えたり操作したりしよう」と「数を合わせたり数えたりしよう」の2つの単元を表5-4に示しているような配列で実施している。「よく聞いて考えたり操作したりしよう」では，「分類」「弁別」などを中心に型はめやパズルなどを使って認知的な内容を設定している。この単元では，数量の基礎となる認知的な内容を取り上げているため，個別の対応が多くなるが，学習の形態としては，グループでの学習を大切にし，周りとの関わりの中で取り組めるような教材の設定や教師の働きかけを行うようにしている。「数を合わせたり数えたりしよう」では，「数える」を中心に学習を展開しているが，単に物を数えるだけでなく，物を数えて配ったり，かごに入れたりなど実際の生活の中にある場を考えながら学習を進めるようにしている。

表 5-4　年間の単元配列

月	4	5	6	7	9	10	11	12	1	2	3
単元	よく聞いて考えたり操作したりしよう							数を合わせたり数えたりしよう			

- 年間の計画のうち，6月と9月は現場実習が実施されるため，数量の授業は実施していない。
- 網掛けで表示した単元について，指導計画を表5-5に示している。

表5-5 単元の指導計画

期　間	11月～3月	教科名	数量	学習グループ	Dグループ
単元名	数を合わせたり数えたりしよう					
単元の目標	○実際に具体物や反具体物を対応させたり，数えたりすることを通して，生活の中で数えたり，配ったりする力を高める。 ○型はめやパズルなどの操作を通して，数量の基礎となる認知的な力を高める。					

学習内容	題材名（月・時間）	指導の意図・留意点・準備物
○マッチングをする ・型はめをする ・具体物のマッチングをする ・色のマッチングをする ・カードのマッチングをする ○簡単な属性分類をする ・消しゴム，鉛筆などの具体物を分類してかごに入れる ・ビーズの色や形を分類してケースに入れる ・シールを分類して貼る	○『ストラップを作ろう』 （12月2時間；表5-6に学習過程を提示）	○型はめの教材としては，○△□等の図形の他に10～20ピース程度のパズルも準備し個別に対応しながら使用する。 ○ビーズの大きさや形については，個々に応じて操作しやすい物を準備したい。
○指しながら数唱をする ・教師と一緒に1～10までの数唱をする	○『道具入れの物を数えよう』 （1月2時間） （2月1時間）	○数えたり配ったりする具体物は，生活の中でよく使う物（食器や文房具，食べ物，飲物等）を準備するようにし，生徒が自分から意欲的に活動に取り組めるようにしたい。
○具体物を数える ・指しながら具体物を1～5までを数えてかごに入れる（写真5-2） ・指しながら具体物を1～5まで数えて配る ○活動を振り返る ・ワークシートに写真やカードを貼る ・ワークシートに記入する	○『数えて準備しよう』 （2月1時間） （3月1時間） 写真 5-2	○数唱や1対1の対応については，生徒の実態把握（4月に実施したバッテリーの結果）をもとに個別の課題を設定する。 ○個別の活動の際も互いに見合ったり，話をしたり，待ったりし，学習の場をできるだけ共有できるようにしたい。

② 『ストラップを作ろう』の学習について

○題材の構成について

第5章　重度重複障害児の教科指導

　本題材は，表5-5に示したように全2時間で設定している。毎時間の授業では，前半の10分程度を使って具体物と数字カード（1～5）のマッチングや型はめなど，数概念や認知的な力を付けるための学習を行うようにし，後半の30分で，ビーズを使ってストラップを作る学習を設定している。

　題材の計画とねらいを以下のように考えている。

- 「ビーズを形や色で分けよう」：4～5程度の種類のビーズの形や色分けをする。
- 「ビーズを数えてつなごう」：1・2・3とビーズを数えてケースに入れたり，ワイヤーに通したりする。

○「ストラップを作ろう」の学習指導案

　「ストラップを作ろう」の学習は2単位時間を使って実施した。以下に示した学習指導案は，2単位時間のうち始めの1時間について学習のねらいと過程を示したものである。

＜学習のねらい＞

- ビーズの色分けをして，1・2・3と数えてストラップを作る。

表5-6　学習過程

学習活動	指導の意図・働きかけ	備　考
1．ストラップを見る ○携帯電話についたストラップを見る	・携帯電話のストラップを見たり，手に取ったりしながら，ストラップを作ることを話し，できあがったものを誰にプレゼントしたいか尋ねることで学習への期待感や意欲を高めたい。	・ビーズのストラップ 写真5-3
2．ビーズの色分けをする ○色別にケースに入れる	・ストラップの材料となるビーズは色を数色準備し，その中から自分の好きなビーズを選んで活動に取り組めるようにしておく。 ・色分けの活動は，個別に取り組むようにするが，「○○さんを見てごらん。たくさんできたよ」等の声かけを行うことで友達の活動にも目を向けさせ一緒に学習に取り組めるようにしたい。	・色ビーズ ・色分け用のケース
3．ビーズを数えてワイヤーに通す ○ビーズを数える	・3までの数を数字カードとのマッチングや数唱を繰り返し行うことで1・2・3の数を意識できるようにする。	・数字カード ・ビーズケース（写真5-4）

○ビーズをワイヤーに通す	・ビーズを教師と一緒に1・2・3と数えながら数字を書いたケースに入れる活動を一人ずつ行う。友達の数える様子を皆で見合いながら進める。 ・一人でワイヤーにビーズを通すことができない場合は、教師と一緒に行うようにする。 ・再度、1・2・3と数えながら行う。この場合も一人ずつ活動を行い、互いの様子を見合うことができる場の設定にする。	写真5-4
4．学習を振り返る ○ストラップを見合う ○ワークシートに数字を記入する	・ストラップの形になった物を手に取ったり、「お母さん喜ぶかな」など話ししたりしながら学習を振り返るようにする。 ・ワークシートに書かれた絵を数えて数字をなぞり書きすることで学習のまとめを行う（教材5-2）。	教材5-2

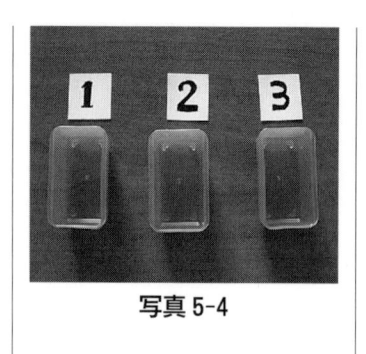

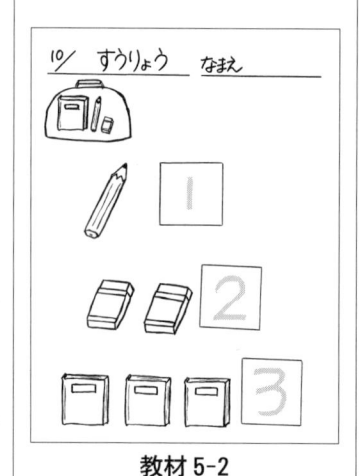

○授業を振り返って

- クリスマスのプレゼントにしようと話をすると、Yさんは、「お母さんにプレゼント」と言ってニコニコしてビーズを色分けしたり、数えたりすることができた。どの生徒も前時で行った文房具や食器を数えて配ったり、かごに入れたりする活動以上に積極的な取り組みが見られた。

- 数えてワイヤーに通すという活動を繰り返すことでZさんは3の数字カードを見てビーズを3個取ることができるようになった。まだ、4、5個のビーズを取るのは難しく3の壁の厚さを感じた。

- ビーズを数える際、数字カードとケースをマッチングさせて数えるようにしたが、ケースとビーズの1対1対応の学習の要素が大きく、数字と数の対応という点では教材（教材5-2）の工夫が必要だった。

- ワークシートでは、シートに書かれた絵を数えるという学習は、具体物を数える学習から半具体物を数える学習へと発展させるという意味がある。繰り返すことで、文字と数の対応もできるようにしたいと考えている。机上での学習に対しても落ち着いて取り組めるようになった。

- ビーズの色や形については，自分で好きな物を選択できるようにしたが，色や形の種類が多くなると一人ではなかなか選べず迷ってしまう状況があった。2種類あるいは3種類程度であれば「どっちがいい？」の問いかけに応えて選べることができるようである。生徒の実態に応じた教材提示の仕方が大切と感じた。
- 活動の結果が実感しにくい生徒たちにとってもストラップという形になったものを見たり，触ったりすることで「できた」という実感は持てたようである。しかし，本来のねらいである色分けや数えたことに対する評価という点では難しかった。数え違いや色分けの間違いなどに気づく教材や活動の工夫ができれば評価につなげることができるように思う。

(4) 保護者との連携について

　このグループの生徒たちにとって，言語や数量的に学習した内容は，生活の中で基礎的な力として，目に見えるところで，あるいは見えない形で力となっていると思われるが，できればそのような力をさらに生徒自身が生活の中で生かせる力にしていくことができればと願う。学校での学習だけでは限界があり，また，このグループの生徒たちは学習した内容を保護者に伝えることが難しい状況のため特に家庭との連携が大切と感じている。学習した内容を家庭と共有し，連携を図るために教科の連絡ファイルを準備し，保護者にも連絡ファイルの意図を伝え協力をお願いするようにした。

　連絡ファイルの内容については，「授業の内容と様子」「授業で行った活動」「〇〇さんの活動の様子」「家庭からの連絡」という項目で行うようにした。互いに負担にならないように言語と数量の授業についてまとめて行うようにし，継続していくことができるように配慮した。

　また，このファイルには，活動の様子を写した写真も入れるようにしたため，ポートフォリオとして教師同士の情報の共有，授業記録としての役割も果たした。

教材 5-3

授業の計画，評価，活動の見直し，教材研究など授業を作るための手がかりとして活用することができたと思う。

(5) 教科の授業づくりで大切にしたいこと

　今回の授業実践を通して，教科指導での授業の展開，教材選択・教材づくり，働きかけ，場の設定など授業づくりで大切にしたい視点として次のようなことが挙げられる。

○言葉の響きや繰り返しのおもしろさを感じることができる教材の選択。
○学習の結果が自己評価しやすい教材の選択。
○自分で繰り返し見たり，操作したりできる教材づくり。
○培った力を生活の中で生かしていくことができるような題材や教材の選択。
○互いを意識し合うことができる生徒同士の関わり合いやコミュニケーションを考えた場の設定。
○自分で選び，決定する場の設定。
○スキルを身につけるための場の設定。
○問題解決のプロセスを考えた授業展開。
○教師間や保護者との連携による情報の共有化。

3 おわりに

　高等部においての教科指導の実践を終え，社会に巣立つ生徒たちを前にして，生徒たちは学びたいという気持ちを持つことができただろうか，生徒たちの学びたいという気持ちを十分満たすことができたのだろうかという思いがある。生徒の「なんでだろう」「知りたい」「不思議だね」「読んでみたい」などの声に教師はどう応えたら，「わかった」「できた」「また，やりたい」の声を聞くことができるのか。

　今回の実践を通して，授業づくりで大切にしたいことを改めて確認することができたように思う。また，社会を見据えた高等部においても教科指導の大切さを認識することもできた。そして，さらに教科指導においても，意欲や自信といった内面の動きが授業の原動力となることを実感できた。

　どのような内面をどのように育てていくか，教科指導にとどまらず，授業を作る上で我々教師に課せられたテーマである。

参考文献
- 長崎大学教育学部附属特別支援学校（2002—2007）『研究紀要　第15集～第17集』
- 湯浅恭正（2006）『障害児授業実践の教授学的研究』大学教育出版
- 田中道治・都筑学・別府哲・小島道生編（2007）『発達障害のある子どもの自己を育てる』ナカニシヤ出版
- 渡辺健介（2007）『世界一やさしい問題解決の授業』ダイヤモンド社

第6章
子どもの表現を引き出す美術の実践

1　造形活動の意義

　見聞中心の学習と異なり，身体を使って素材や道具を直接に，感覚的かつ具体的に操作する造形活動は，操作が手ごたえとしてフィードバックされ，変化が眼前に現れるため，「対象・操作・自己」のかかわりを確認できる。つまり，素材や道具を主体的・自発的・身体的・直接的・具体的・感覚的に操作しながら心情に働きかけ，能動的に自己の行為を決定していくことに造形活動の意義がある。この過程で，活動に対する意欲や関心が高まり，表現力が向上する。ここでは，自発的で主体的な表現活動を高める指導が中心でなければならない。
　この造形活動による表現力の高まりが，目標達成のために自己の力を集中させ，自らの生活を豊かにし，たくましく生きる人間の育成に，極めて重大な意義を持つ。
　単なる表現技術やパターンを教えたり，示された手順に沿って活動させる，一見主体的な表現活動に終始する指導は論外である。授業は，単に和やかに活動しているレベルから，真に子どもが存在するレベルへの転換が求められる。子どもの主体的な表現を引き出し，子どもの存在を確かなものとするための，「題材の条件」「具体的な支援方法」「教師に求められる姿勢」「授業の評価」を徹底的に吟味しなければ，教師のキャリアアップは図れない。

2　心おどる"きわめつけ"の素材「土粘土」の展開

(1)　土粘土のよさが発揮される条件

　土粘土が，素材としてのよさをじゅうぶんに発揮し，主体的な表現活動として展開されるためには，以下の条件が重要である。

①　量と回数の確保
　500ｇか1kgの粘土を渡し，教師が指示したテーマや作り方に沿って，たった1～2回で作品づくりを強いるのは意味がない。土粘土に慣れるのに，80分間の活動で最低5回程度は必要なので，1年間に10回前後は実施する。そして，毎年継続する。次頁の事例1及び事例2のように，回数を重ねることによって，真に主体的な表現が引き出される。

事例1

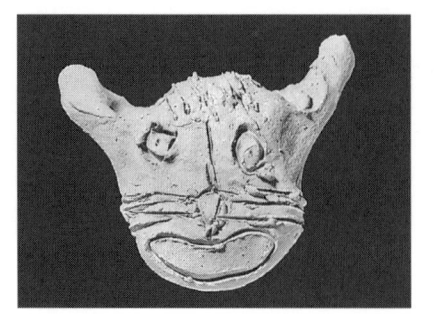

1年目「ネコ」(W17.5cm) 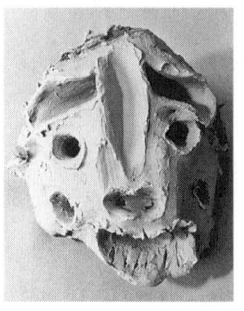　　2年目「顔」(W16.5cm) 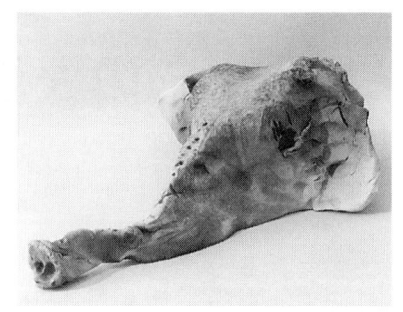　　4年目「ゾウ」(W39.0cm)

事例2

1年目「かいじゅう」(H25.5cm) 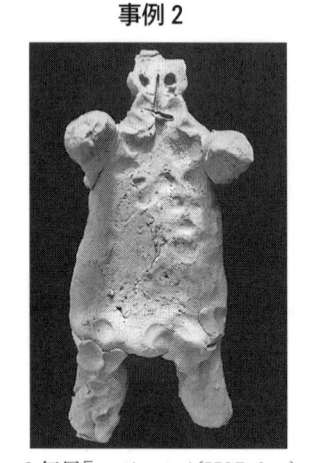　　2年目「ロボット」(H27.0cm) 　　6年目「ヘビの家」(H32.0cm)

　また，土粘土の使用量には個人差がある。ミニチュア作品を作る子どももいれば，1人で1回に10〜20kg使う場合もある。慣れるに従って作品が大型化し，使用量が増加する傾向がある。可能な限りの量を用意する。

　② **土粘土の軟らかさ**

　土粘土が，働きかけに対して自由に変化するかどうかは，土粘土の軟らかさかげんが重要な鍵を握る。作品を作るには，耳たぶ程度の軟らかさが基本となる。また，刻々と変化する活動に合わせて，土粘土の軟らかさをそのつど調整する。

　③ **活動場所**

　素足になって，全身を使った粘土遊びをダイナミックに展開する場合は，シナベニヤを貼り合わせた広い場所を床に確保する。イメージに添って作品を作る場合は，広く，脚が頑丈で安定した，90cm×180cm程度の粘土専用机や工作台を用意する。

　④ **道具**

　効果的な道具として，たたいたり，のばしたり，穴をあけたりする丸棒（直径3cm，長さ40cm程度及び直径1〜2cm程度），模様などを描ける木製ペン（直径1〜2cmの丸棒を長さ15

cm程度に切断し，先端を円錐状に削ったもの）及び針先ペン，型押し用道具類，切断用ワイヤー，ろくろ，粘土ベラなどが挙げられる。

⑤ テーマ

土粘土の塊を手にすると，何はともあれ，触っていじりたい衝動に強く駆り立てられる。それを，全員に同一のテーマや作り方を説明し，作品づくりを強要するのは意味がない。作品を作るか否かは大した問題ではない。要は，その子どもなりのやり方で，活動に集中することが大切である。そのために，表6-1の発達に応じた土粘土の「表現の特質」及び「学習課題」「主題」をもとに，個々の子どもに合わせて授業に臨む。

表6-1 発達に応じた粘土表現の特質と学習課題

発達年齢（歳）	1 2 3 4 5 6 7 8 9 10 11 12
表現の特質	●いじる，こねる。　　　　　●イメージに添って，大まかに作る。 　　　●痕跡からイメージする。　　　　●比較的細かく，写実的に作る。 　　　　　　　　　　　　　　　●立体的で，やや複雑なものを作る。 　　　　　●一部だが，イメージに添って大まかに作る。
学習課題	●じっくり操作する。　　　　●経験したこと，見たこと，聞いたこと，知っていることを表す。 ●いろいろなものに触れる。　　　　　　　　　●見ながら，似せて作る。 　　　●言葉と絡ませ，イメージをはっきりさせる。 　　　●すすんで模倣する。●並べたり，組み合わせる。 　　　　　　　　　　　　　　●立体化や複雑化に伴う表現技術を身につける。
主題	──粘土で遊ぶ────── 　　　　　　　　──────自分がイメージしたテーマに添って作る── 痕跡(操作)　痕跡(見立て)　お父さん　友達　顔　果物　野菜　おもちゃ　建物　ブローチ　行事 　　　　　　　　　　　　お母さん　先生　お菓子　自然　花器　人形　動物　道具　乗り物 　　　　　　　　　　　　　　　　　　　　　　　食器　花瓶　傘立て　灰皿　楽器

特別支援教育の各学部の目安は次のとおりである。

小学部：作品づくりよりも遊ぶことに興味があるので，道具などを工夫して，ダイナミックな粘土遊びを展開する。また，操作の過程で偶然できた痕跡や形からイメージを膨らませる。興味・関心の持ちそうなもの（顔・食べ物・動物・怪獣・乗り物など）をいっしょに作る。

中学部：テーマを示しても，眼前の粘土を操作したい衝動が強いので，自由制作を基本とする。ただし，粘土に慣れてきたら，食べ物・身近な人間・テレビ関係・動物・乗り物・建物・皿などのテーマを働きかける。友達の参考作品を提示したり，大型化や装飾化を促したりする。

高等部：テーマに添った制作がかなりできるようになるので，自由制作と課題制作を半々くらいにする。テーマは，小・中学部と基本的に変わらないが，高等部に合わせ

た提示の工夫をする。例えば「顔」の場合,「オバケの顔」「おもしろい顔」「へんな顔」「宇宙人の顔」「火星人」「○○人間」などとすることで,変化に富み,表情豊かな作品が生まれる。

⑥ 表現リズム

充実した授業を分析すると,集団のリズムは「活発(ガンガン)→静寂・集中(モクモク)→歓喜(ヤッター)」の共通点がある。このリズムに,どれだけ近づけられるかが重要である。個人のリズムは,実に多様である。また,数年間のリズムとして,作品が「(元の形)→大型化→装飾(様式)・精密化→単純化・抽象化」する傾向が見られる。

⑦ 作品の確認方法

完成した作品を確認するときは,いきなり「何作ったの?」とか,「これ何?」と尋ねると,子どもは緊張する。むしろ,「おっ,いいね!」と感動を伝えながら,「なんて書いておこうか?」とか,「ちょっと教えて!」とか,「このお話して!」など,ごく自然に聞く。非言語である造形作品に対して,言語で作品名を確認することには慎重でなければならない。

⑧ 共同制作

個人制作が基本であるが,共同制作も可能である。事前にテーマを相談して制作する場合もあれば,それぞれが作ったものを組み合わせる場合もある。共同制作も選択肢として持ちながら,状況によっては共同制作を働きかける。

⑨ 模 倣

模倣することが学習課題の子どもに対しては,本人の興味・関心に合う作れそうな作品を見せたり,積極的に模倣させたい子どもが視野に入る座席を考慮する。

⑩ 作品の焼成

絶対的な焼成方法はない。個々の作品の生命感が最大限に発揮される焼成方法を,試行するしかない。食器や花瓶などの実用品は,水漏れを防ぎ丈夫にするために,釉薬をかけて高温焼成する。しかし,子どもたちは実用品をあまり作らない。また,釉薬のガラス質は,作品の表情を覆い隠してしまう欠点がある。釉薬を使わない焼成(薪やもみ殻による野焼き,薪による焼き締めなど)を考える。

⑪ 集団効果

集団の大きさは,10~15人程度が望ましい。4~5人だと,集団からの影響があまり期待できない。授業における集団のサイズを決める場合,教師の担当時数合わせが優先してはならない。教室の広さ,一人の子どもがダイナミックに活動できるスペースの確保を考えると,20人では多すぎる。かといって,少人数である学級単位で固定するのもよくない。みんながんばっているからがんばる,友達の表現からヒントを得たり目標にする,協力して取り組む,自分との違いに気づくなど,集団ならではの教育力がある。

第6章　子どもの表現を引き出す美術の実践

(2) 表現特性に応じた具体的な支援方法

① パターン化した表現の子どもに対して

　表現意欲や表現に対する衝動は大切にしなければならない。結果的に同じような作品になってもかまわない。表現を受容し，自由に取り組ませるべきである。ある程度満足するまで作ると，「作ったものを皿や台に載せる」「大きくする」「装飾を加える」などのアレンジを促すと受け入れ，興味を持って取り組む。興味・関心があって簡単に作れそうなテーマを働きかけたり，友達の作品を見せることも効果がある。

② レパートリーが少なかったり，具体的な形になりにくい子どもに対して

　発達レベルが考えられる場合は，形の明確化を求めてはならない。土粘土をいじったり，こねたり，いろいろ働きかけるとともに，痕跡からイメージを確かめたり，イメージを膨らませる働きかけが重要となる。

　表現に自信がない場合は，具体的な形になるように，興味・関心をもとにいろいろ働きかける。同時に，制作過程及び完成した作品を評価し，表現することに自信を持たせる。

③ 痕跡からイメージできる子どもに対して

　はっきりした形をまだ作れないレベルの子どもは，偶然できた形や痕跡にイメージを絡めていくことが大切である。その場合，イメージを絡めていくことが優先され，主たる粘土の操作が中断されてはならない。子どもの気持ちの高まりや，形及び痕跡の状況を教師が逐次判断し，タイミングよくイメージと絡めていくことが求められる。

④ 手で直接触るのを嫌がる子どもに対して

　手で直接触るのを嫌がる原因の究明よりも，のべ棒や握り拳で土粘土を思い切りたたかせたり，道具による操作に関心がある場合は尊重してやらせたり，土粘土に布をかぶせて触らせたり，乾燥した粉々の粘土に水を加えさせたり，バラバラの粘土を集めさせたり，教師が作ったものに手を加えさせたり，手を添えていっしょに作ったり，いろいろ働きかけて土粘土への興味を喚起する。

⑤ 上手下手が気になる子どもに対して

　上手下手は関係ないこと，気に入った作品もできれば，気に入らない作品もできること，すべて気に入る作品ができるはずがないこと，気に入らない作品や失敗と思われる作品ができても気にしないことを，子どもが実感する方法でしっかりと伝え，失敗に対する恐れの払拭に努める。そして，作品や制作過程で見られる良い点をきちんと伝え，自信を持たせる。

⑥ テーマを決めかねている子どもに対して

　テーマを決めるのに集中しているのか，それとも，何となく決めかねていて支援が必要なのか見極める。この場合，「ゆっくりでいいんだよ」「この前の，かっこよかったね！」など，自信を持たせるための言葉がけをする。作りたいものや興味・関心のあるものを聞き出して，

テーマを焦点化するとともに，状況に応じて具体的なヒントを与える。

⑦ 気分に左右される子どもに対して

対人関係が主要因となることが多いので，座席の配置に配慮する。子どもとのラポート形成に努め，教師が媒介となって，安定した人間関係の確立を図る。そして，感情が不安定になりそうなときは，話しかけたりして未然に防止する。不安定になったときは，気分の転換を図る。

⑧ 模倣レベルの子どもに対して

模倣することが学習課題の子どもには，モデルとなる作品の提示方法が重要となる。作品の提示方法には，完成した作品を提示する方法と，制作過程をモデルとする方法がある。完成した作品を提示する場合は，本人が技術的に作れそうで，しかも，本人の興味・関心に合った作品を用意し，強制と受け取られないように留意しながら，「こんなの作ってみない？」と働きかける。興味・関心を示さなかったら，別の作品を提示する。

模倣レベルの子どもはよく観察すると，友達が作っているのを見ながら，似せて作る場合が多い。モデルとさせたい子どもの隣や向かいなど，近くの席で活動させる。

⑨ 技術的な援助が必要な子どもに対して

土粘土には真の可塑性があり，とてもすぐれた素材だが，唯一の欠点に重さや軟らかさがある。作品が大型化したり，複雑化してくると，作品の大型化・複雑化に対応した技術的な支援が必要となる。具体的には，つぶれたり，倒れたり，はがれたり，割れたりするのを防止する技術である。ただし，これらの技術は，子どもが試行錯誤のうえ発見することもあるので，いきなり教えることは避ける。困っているとき，タイミングを見て教える。技術的な解決によって，イメージどおりの作品に仕上がる喜びは，想像以上に大きい。

(3) 授業の評価

最初から，授業を深く把握できる観点など存在しない。授業を積み重ね，改善するしかない。題材「土粘土」における授業記録及び授業参観記録の観点は，次のとおりである。

① 授業記録（授業者用）

- 過程（子どもの動き，教師の支援）と結果（作品）に記録用紙を分ける。
- 「全体への支援事項」の欄を設ける。
- 記録の観点（9項目）及び各観点の内容。

　　a　ガイダンス（支援）：発問・指示・介助など，反応，解釈・手だて
　　b　興味関心：1全くなし，2あまりなし，3あり，4ややあり，5非常にあり
　　c　イメージ：1粘土に触らず，2いじる，3形を意味づけ，4テーマ無関係，
　　　　　　　　　5テーマ忠実，6テーマ工夫
　　d　表現リズム：1無気力，2回転速い，3目立たず，4スロースタート，

第6章 子どもの表現を引き出す美術の実践

　　　　　5 ダイナミック
e　身体・手指の動き：1 あまり動かさず，2 指先中心，3 全身ダイナミック
f　道具使用：1 不使用，2 多少使用（2-1 道具依存，2-2 道具非依存），3 積極的使用
　　（3-1 道具依存，3-2 道具非依存）
g　対人関係：1 なし，2 模倣，3 共同
h　準備・後始末・身支度など
i　制作の様子（作品名・制作の過程）
　ア　テーマ：1 操作（形・痕跡），2 見立て（形・痕跡），3 食べ物，4 知人，5 TV関係，
　　　　　6 動物，7 自然，8 道具・器，9 ユーモア，10 植物，11 そのほか
　イ　大きさ：1 極小，2 小，3 普通，4 大，5 極大
　ウ　形の次元性：1 平面的，2 やや立体的，3 立体的
　エ　ひっかき・付け加え：1 ひっかき，2 ひっかきと付け加え，3 付け加え
　オ　認知力：1 形にならず，2 形からイメージ化，3 イメージに添う，4 写実的

表6-2　授業参観記録の評価観点

		評　価　観　点	
Ⅰ 子どもの動き	1	興味・関心，集中力，主体性	素材や道具，表情，対人関係，充実感，粘土の使用量
	2	イメージ，認知力	テーマ意識，創意工夫，形の表現力
	3	表現リズム，道具使用 身体・手指の動き	テンポ，道具の種類と使用頻度 指先，片手・両手，身体全体
	4	対人関係（友達，教師）	模倣，共同，応答
	5	作　　品	テーマ，大きさ，次元性（平面的・立体的），ひっかき・付け加え，形の明快性
	6	そのほか	準備，後片づけ，身支度，態度，これまでとの変化
Ⅱ 教師の動き	7	実態把握	障害，発達，個性，生活経験，興味・関心，対人関係，身体機能，表現力
	8	反応の理解	気分，心情，表情，身体・手指の動き，イメージ，テーマ意識，模倣，制作の過程
		かかわり方（支援）	静観，介助，補助，説明，模倣，言語教示，提示，相談，確認，口調，評価，タイミング，ティームティーチング，激励，促進，賞賛や叱責
Ⅲ	全体の雰囲気とリズム		緊張と解放，変化，充実感，テンポ，エネルギー，時間の過不足
Ⅳ	土粘土素材		素材の特質，興味・関心，活動場所，粘土の準備（量及び軟らかさ），手ごたえ，発展性・多様性，失敗の許容，過程・結果の明快性，主体的活動場面，複雑な扱いへの対応，正確さの不問
Ⅴ	そのほか		

② 授業参観記録（授業参観者用）

授業で重視している観点を印刷した専用の授業参観記録用紙（表6-2は授業参観記録用紙の記入スペースを除いたもの）を用意し，授業研究会で活用する。

3　身近で広がりのある題材「ネクタイ人間」の展開

(1)　「ネクタイづくり」から「ネクタイ人間づくり」へ

①　ネクタイづくり：4時間（クレヨンで描く：2時間，好きな材料で描く：2時間）

- あらかじめ，ネクタイの形に裁断してある12.8cm×54.0cm大の色画用紙全40色と白画用紙の計41色から好きな色を選び，ネクタイの模様を好きな材料（サインペン，油性ペン，水彩絵の具など）で描いたり，折り紙を切って貼ったり，型押ししたりする。

41色のネクタイ用紙から好きな色を選んで模様を描く 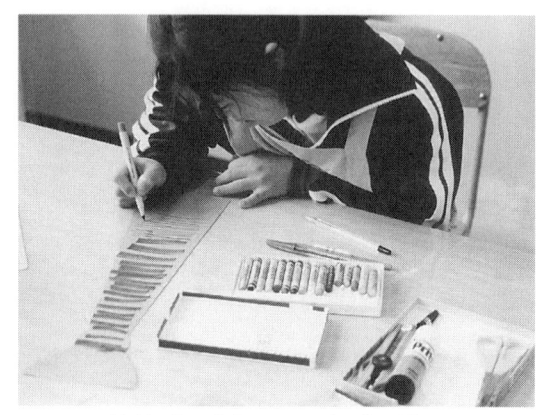　　　油性ペンやクレヨンなどで描く

②　ネクタイの選択：1時間

- みんなの前で自分が作ったネクタイを全部並べ，「ネクタイ人間」に使うネクタイを選ぶ。

一人の子どもがいろいろな材料で多様に表現。この中からお気に入りを選ぶ

第6章 子どもの表現を引き出す美術の実践

③ ネクタイ人間づくり：7時間（制作場所の決定・ネクタイの固定・人間の輪郭描き：1時間，人間への着色：2時間，人間と背景への着色：4時間）

- 四六判用紙を縦に2枚貼り合わせた台紙（218.2cm×78.8cm）が置いてある教室や廊下などから，自分の制作場所を選ぶ。
- 身体の部位を考えて，ネクタイを貼る。
- 人間の輪郭をクレヨンで描いてから，水彩絵の具やポスターカラーで着色する。1枚目は人間のみ。2枚目は背景を含め全体に着色する。

身体部位の見当をつけてからクレヨンで全身を描く

(2) 「ネクタイ人間」における主体的な表現活動を引き出す条件

① 自然な語りかけ

家庭環境に配慮する（父親のいない家庭など）。人間の下描きで身体の部位を忘れている場合は，間違いを指摘するのではなく，本人が気づき，意欲を持って描くように働きかける。

② 興味関心の持てる題材の設定

「ネクタイ」は生活に密着し，父親や先生などで身近なものである。また，子どもたちは制服や背広へのあこがれがある。

③ 題材における自由な表現・発展性・創意工夫の保証

最初は手ごたえを実感しやすいクレヨンを使用させたが，その後は，油性ペン・水彩絵の具・サインペン・折り紙・型押しなどいろいろな材料で描くことを仕向けた。その結果，複数の材料を組み合わせたり，自分から材料を探したりなどの工夫が見られた。

また，ネクタイ人間の1枚目は人間のみへの着色を考えたが，2枚目のネクタイ人間は，1枚目の変化・発展として，洋服や地に対する装飾化や，台紙全体への着色を働きかけた。

④ 発達レベルの差など多様な子どもの実態への対応

用紙自体がネクタイの形なので，何を描いてもネクタイとなる。規則的な模様でも，具体物や文字でもよい。感覚運動（なぐり描き）レベルから写実レベルまで受入れる。

⑤ 失敗の許容・正確さの不問・失敗の予防

何を描いてもネクタイとなる形のため，失敗はあり得ない。ただし，クレヨンが水をはじく性質を生かすために，クレヨンで人間の輪郭を描くときは力を入れさせるとともに，水彩絵の具は薄めさせる。

また，台紙にネクタイを置くときは，身体の部位を考えさせながら置かせる。上下の位置

が極端な場合やちゅうちょしている場合は,「頭がここで,体がここで,足がこの辺だから,ネクタイはこの辺でいいかな?」といっしょに考えたり,同意を得ながらそっと修正する。

⑥ 活動量の保証

ネクタイ用紙は,できるだけ多くの枚数と色数を準備する。また,着色面の大きさを考慮し,個人用の筆や絵の具のほかに,大きめの筆,大きなチューブ入りの絵の具,絵の具を溶く容器を多めに用意する。教師が考えているよりも,子どもたちは台紙の大きさ(218.2cm×78.8cm)を苦にしない。

⑦ ダイナミックな表現活動の展開

ネクタイのみからネクタイ人間への発展など,予想を超える展開を考える。また,ネクタイの実物大にとらわれず,ネクタイへの模様の描きやすさを考え,実際のネクタイよりも一回り大きいサイズとする。

⑧ 集団の雰囲気づくり

模様を描く前のネクタイ用紙を胸元に当てながら,教師が「どう? 似合う?」「えへへ,かっこいいでしょ!」とやる。T2からも「〇〇先生,かっこいいよ!」と掛け声。子どもたちからも「よっ!」「イェーイェー」と,がぜん盛り上がる。こうなるとしめたもの。説明しなくても,ネクタイを作ることは通じる。さらに,「さあ,先生,ネクタイ作って誰にプレゼントしようかな?」「みんなは,誰にあげるのかな?」とイメージを駆り立てる。

ネクタイができたら,「おっ,ステキだね!」「かっこいいね!」「やったね!」「似合うよ!」「〇〇さんにも見せたいね!」等と共感するとともに,「次は,誰のを作るのかな?」と期待を伝える。ネクタイ人間に使うネクタイは自分で選ぶが,友達や先生の推薦があれば候補に加え,相談して選ぶ。冷やかされたり,照れたり,ぐっと盛り上がる。お互いの作品(表現)を知ったり,友達や先生の感想を聞いたりするよい機会である。

(3) まとめ

子どもたちは競ってネクタイを描いた。用紙をネクタイの形に裁断してあることも,イメージをはっきり持ちやすい要因になったようだ。枚数の多さと多様性に驚かされる。失敗がなく,比較的簡単にでき,自分の予想以上の表現ができたことに,自信や意欲や満足感が伝わってくる。台紙の大きさ,廊下や教室の床での活動も新鮮だったようだ。

本題材は,ネクタイづくりで終わる予定だったが,制作中の表情と完成した多様なネクタイの表現を目の前にして,ネクタイ人間への発展を思いついた。着色は,最初にB1が2枚大では無理と考え,人間(図)だけとした。しかし,子どもたちに自信があふれていたので,2枚目は図と地の全体に着色することにした。

このように,子どもたちが教師の予想を超える表現活動を展開し,教師が変容を余儀なくされる題材を追求しなければならない。

第7章
作業学習をどう改革するか

1　作業学習の何を変えるのか

(1)　従来の作業学習の課題点

　茨城大学教育学部附属特別支援学校高等部では，2005(平成17)年度より「作業学習の改革─かかわり方を変えたら子どもたちが動き始めた─」という研究テーマに取り組んできた。このテーマで学部研究を行う出発点は，作業学習でできていることが一般就労先や現場実習では生かされていないのではないかという意見が職員間で広まったことであった。
　そこで，これまでの作業学習のどこを変えていく必要があるかを話し合ったところ，大きく分けて次の2つの課題が見えてきた。
　第一に，従来の作業学習では「終わりました。確認をお願いします」「わかりません。教えてください」という確認や報告等ができることに主眼を置いて指導してきた。これは，確認や報告ができれば多少，技能や知識がなくても間違うことやできないことが少なくなり，一般企業や作業所等での適応につながるのではないかと考えていたからである。もちろん，こうした力が全く必要ないとは言えないだろうが，作業学習の中でこうした報告・確認を繰り返し行っていたことで，いつの間にかパターン化されたコミュニケーションをしているだけになってしまっていた。生徒は「報告や確認をすれば，教師が次の指示をしてくれる」といった安心感を持つようになり，作業学習の中で生徒が自分で考え，判断する必要性や機会を十分に与えられないでいたと考える。
　第二に，作業学習を通して良い製品を作ろうとしたために，教師は，生徒にどうすればよいかを考えさせる場面をあまり設定してこなかったのではないかと思われる。従来の作業学習では，良い製品を作ることで，できあがったときの喜びを生徒に味わわせたいと考えていたのだろう。そして，良い製品を作るために，生徒が失敗しないように，細かな手順表を教師が用意し，その手順表通りに作業をさせたり，不安そうにしている生徒には教師がすぐに言葉かけをしたりしてフォローしていた。こうした教師の準備や言葉かけも，やはり，子どもたちの「考える時間」や「判断する機会」を奪う結果となってしまっていたのではないかと考える。
　以上のように，従来の作業学習を振り返ると，報告・確認を徹底することで良い製品を作

ることに多くの注意が向けられていた。その反面，生徒自身が判断する場面や生徒が人に働きかける場面が少なくなっていたのではないだろうか。

(2) 職場実習から見えてきた課題

以上のような作業学習改革の視点が浮かび上がってきたのは，本校の高等部生徒が行った以下のような現場実習の反省がきっかけであった。

> A児は，学校での作業学習では，言われたとおりに作業を進めていくことがある程度でき，またわからないときには「わかりません」と聞くことができていた。そうした中で，飲食店の厨房で皿洗いの仕事を現場実習で行った。A児には皿洗いをする能力は十分あったが，数種類のお皿が一度に集められた洗い場で皿洗いをすると，一種類の皿を先に全部洗ってから次の皿を洗おうとするので，お客さんに出すお皿の数にアンバランスが生じていた。一緒に働いていた店員からは「一つの皿だけ洗うのではなく，他の皿もバランスよく洗いなさい」というような指示が出された。しかし，A児にはこうしたあいまいな指示ではどのようにすればよいか理解できずに，「次は何を洗いますか？」と常に聞くようになってしまった。各自が自分の持ち場で忙しい飲食店では，A児のこうした質問に対応できる余裕はなく，A児は結局与えられた仕事を十分にこなすことができないまま実習が終了した。

この職場で生徒に求められた力は従来の作業学習で身につけてきた能力とは少し異なるのではないだろうか。すなわち，生徒は現場実習先であいまいな基準に対する判断力や，自分で考えて仕事を選択したりすることが求められていた。この生徒は，作業学習では，報告や確認はとてもよくできていた。しかし，自分の思いだけを一方的に話してしまったり，自分の都合のよいように仕事をしてしまったりすることもあった。

こうした生徒の様子を職員間で共有し，現場実習先で求められている力を身につけるためには，生徒に対する教師のかかわり方を変えないといけないのではないかということを話し合った。どのように変えていったらよいのかをいろいろと検討する中で，トヨタ生産方式の考え方を取り入れていくことにした。トヨタ生産方式の具体的な内容は以下の通りである。

- 最初から答えを言わない
- しっかりとしたプロセスを作り，結果を出させる
- 失敗を通じて学ばせる
- ミスの真因を考えさせ，理解させて減らしていく

以上の点を意識しながら，作業学習では「自分で考え，判断して仕事をすることができる」ことをねらいにしていく。

第7章 作業学習をどう改革するか

　ここで大切なことは，生徒を変えるのではなく，教師の意識を変えるところから始めることだ。作業をして製品を作るだけの作業学習ではなく，どんな製品ができたのかを振り返ったり，よりよいものにしていくにはどうしたらよいかを生徒に考えさせたりする場面を多く設定することが大切なのではないかと考えた。

(3) 各作業班の活動の変化

　以上のような意識のもと，2006(平成18)年度は，従来行っていた「窯業」「手芸」「園芸」をそのまま踏襲し，かかわり方を変えて生徒を指導していこうということになった。具体的には，窯業班は，これまで作業を分業制で行ったが，生徒たちは工程の一部を任されていたに過ぎず，自分でこの製品を作ったという実感があまりなかったのではないかという課題が出された。特に，窯業は危険な作業や高い技能が必要な難しい作業がいくつかあり，最後の仕上げはこれまで教師が行っていた。しかし，今後は技能や手順などの示範をしっかり行った上で一連の作業を本人に任せ，主体性や責任感を育てられるようにしようと考えた。また，生徒からの問いかけがあった場合以外は，教師からの言葉かけを最小限にした。例えば，「タンブラー製作」では，自分がよいと思って作っても，他の人が選ばないことも考えられたので，オーダーをした人の思いを意識しながら自分で製作方法を考え，一連の流れを一人で行う「オーダーメイドタンブラーの制作」に取り組むことにした。

　手芸班は，これまで決まったパターンを繰り返し行う中で同じ形のバスケットを作ってきた。パターン化された環境の中で作業をしていたので，生徒は場面が急に変わったりすると返事や報告ができなくなったり，不安な表情を訴え，次の指示を待っている場面があった。また，できあがった製品の良・不良の判断は教師が行っていて，生徒に考えさせる場面をあまり設定してこなかったという課題が挙げられた。手芸班では，サービス業や小売業に就職する生徒の割合が多くなっているという現状と，パターン化された状況だけでなく，短時間の中で仕事の内容が変化しても対応できる力を生徒に身につけさせたいと思い，「手芸・サービス班」としてサービス業の内容を取り入れるようにした。この中でサービス業に特有のいろいろな人達とかかわることや仕事を任されることを通して仕事に対する責任感や働く喜びを生徒の中に内面化していきたいと考えた。

　園芸班は，これまで畑仕事が中心で，野菜や花の栽培を行ってきた。しかし，農作物を育てることは，自分の行動したことの成果が見えるまでに時間がかかり，見通しが持ちにくいことが課題であった。また，農作業で生徒自身が考えたり，判断したり，決定したりできるようになるまでには，かなりの知識や技術，経験が必要なため，自己判断や自己決定をする力を身につけるのには不向きな作業種目であり，どうしても教師が指示を出す場面が多くなりがちだった。そこで，名称を「園芸・クッキー班」と変え，農作業が閑散期に入る冬の活動にクッキーづくりを取り入れ，「自分達で考え，取り組むクッキーづくり」を始めた（次

73

節以降にその実践例を詳述する)。

　以上のように作業学習の活動全体を見直し，修正した。その中で，どの作業班も意識することとして，教師のかかわり方を変えるということを挙げた。作業学習において，教師が必要以上に指示を出していた姿勢を改め，生徒に考えさせる時間を大切にするようにした。そして，子どもがわからなくなったときは，教え導くのではなく，考えさせ，振り返らせるといった働きかけを心がけた。生徒も迷い，その様子を見て，教師もどう働きかけをすればよいか迷う……そんな作業学習を展開してきた。以下に，3つの作業班の実践展開のうち，園芸・クッキー班の取り組みを紹介する。

2　生徒の考える力を育てるクッキーづくりの実践

(1)　「園芸班」から「園芸・クッキー班」への変化

　2005(平成17)年度まで，この作業班の名称は「園芸班」だった。その名前の通り，活動の中心は畑での野菜栽培やプランターでの花の栽培であり，クッキーづくりは，冬場の仕事としてある一定の期間だけ行っていた。2005(平成17)年度までの「園芸班」の作業内容と特徴は次のような点が挙げられる。

【園芸班の作業】除草，土作り，畝作り，種まき・苗植え，畑の管理（水まき，除草，追肥etc.)，作物の収穫・販売

【特徴】
- 天候に左右されることが多く，その都度多様な指示に対応しようとする力が必要。
- 炎天下や寒さの下での作業になることが多い。また力仕事が多いため，体力が必要。
- 時間内は一つの仕事を続けて行うことが多く（除草，土・畝作りetc.），集中力が必要。
- 体全体を使っての作業になることが多い（スコップや鍬を使った畝作り，土運びetc.)。

　こうした特徴を持つ園芸活動は，知的障害のある生徒にとっては次のような点で難しい課題となっていたように感じている。
- 野菜作りは，収穫までにかかる期間が長い。自分のやったことが成果として見えるまでに時間がかかるため，自分で自分の課題に気付くことが難しいこと。
- 長期の休みをまたいでの栽培になることが多く，責任感を持続することが難しいこと。
- 生徒自身が考えたり，判断したり，決定したりできるようになるには，かなりの知識や技術，経験が必要であること。

第7章 作業学習をどう改革するか

また,昨年度までの生徒に対する教師のかかわり方を整理すると次のようになる。
- 頻繁に指示を出し,指示通りに活動できることを求めていた。
- 間違えそうになる前に指摘したり,手助けをしていた。
- 一つの作業が終了したら,報告させ,確認を求めるように指示を出していた。

上記のような作業学習を実践する中で,生徒は教師の指示を聞いて,指示通りに行動をする力が身につき,また,「終わりました」「確認お願いします」などのパターン化されたやりとりについては身についてきていると感じている。しかし,指示がない場面やパターンからはずれた場面では,どうしたらよいかわからず活動をちゅうちょしてしまう姿がよく見られた。また,毎回報告して確認を求めるというこれまでの指導が,逆に自分で考えることを放棄させ,自分の力でやっているという責任感を薄れさせているのではないかとも感じていた。「自分がやっているんだ」という気持ちが薄いと,すぐにあきらめたり,仕事を楽しむことも難しく,真の働く喜びを育てることはできないのではないかと考えるようになった。

そこで2006(平成18)年度は,野菜や花の栽培中心だった作業学習に限界を感じ,名称を「園芸・クッキー班」に改め,10月半ばからはクッキーづくりを中心に活動した。園芸・クッキー班に所属する一般就労希望の生徒の実態は,指示があれば適切に行動できる反面,自分で考えて行動する経験が少なく,考える前に助けを求める様子が多く見られた。また,状況に合わせ活動を止めたり,ペースを変えて作業を進めることにも課題が見られた。そこで,「自分で考え,判断し,行動する力」を育てるための作業学習を実践しようと考えた。

(2) 自分で考え,判断し,行動する作業学習の展開

① 技術習得期(10月上旬～)

考える力を育てるための大前提として,まず,クッキーづくりのノウハウをしっかり身につけることから始めた。レシピを渡し,必要な材料・道具を用意し,クッキーができあがるまでの手順を,教師が示範をしながら指導した。比較的能力の高い生徒の集団であったこともあり,大事なポイントはメモを取らせながら学習させ,1カ月程度でクッキーづくりの基本的な技術は習得できた。

② 完全分担期(10月下旬～)

続いて,次は何をすればよいのかを自分で判断して進められるようになるための支援を行った。教師の方から指示を出し,各生徒に仕事を振り分け,一人ひとりがレシピを見ながら作業を行い,任された役割をこなせるようにすることを目標にした。生徒が手順を間違えそうになっても,教師がすぐに手助けしてしまうことをやめ,生徒の気付きを待ってから,必要な言葉かけをするようにした。この時期に見られた生徒のエピソードを以下に紹介する。

○エピソード1「失敗から学ぶ」

　C児が卵を卵白と卵黄に分けていたときの話である。教師が教えた方法は、殻を使って分けるものだった。しかし、うまくいかず卵黄がつぶれて卵白と混ざっていた。教師は、そのとき、生徒がどのように行動するのか見守っていると、失敗したことを自分から報告にきた。もう一度、同じやり方を説明しようと思っていたとき、隣で作業しているE児が別の方法で卵を分けていたことを教師は思い出した。

　そこで、E児がやっている「卵を割った後に、スプーンで卵黄をすくう」という方法を、E児からC児に伝えてもらうことにした。E児から教わった方法で実際に卵を分けた感想をC児に聞くと、こっちの方がやりやすいということだった。現在も、C児はこのとき教わった方法を使っている。

○エピソード2「失敗から学ぶ」

　C児が初めてオーブンの予熱をしたときのことである。ガスの元栓が閉まったままになっていることに気付かず、予熱をし始めていた。エラーブザーも鳴っていたが、当然予熱はできているものと思い込んでいたためC児はそれに気付かないで作業を進めようとしていた。前の週に、オーブンの仕事を担当していたD児はエラーブザーが鳴っている原因に気付いていた。しかし、自分からはC児には言えず、教師に視線を向け、何か言いたそうな様子でいた。教師はD児に、「気付いたことがあったのなら、自分から伝えるように」と言葉をかけた。その結果、D児は元栓が閉まっていることをC児に指摘し、それを聞いたC児はエラーブザーが鳴っている原因に気付いた。

　C児とD児のやりとりを見守った後、点火した音が確認できれば、予熱はできているということを教師は伝えた。その後のC児は、エラーブザーや点火音に敏感に反応するようになり、友だちにも教える様子が見られるようになった（モデル図1参照）。

友だちの間違いや困っている様子に気付いたとき

「先生、間違えているよ……。」

「しっかり周りの様子が見られているね。じゃあ、気付いたら、どうすればいい？」

「状況を把握する力はある！でも、気付いたら自分から教えてあげられるようになってほしい。」

「あ〜あ、間違えている。それだとだめなんだよなぁ……。」

かかわり方を意識した指導案より（モデル図1）

第7章 作業学習をどう改革するか

　これらのエピソードから，失敗することが自分で新しい何かを取り込むことにつながるということが教師も生徒もわかった。C児は，失敗したことで，新しいやり方や判断基準を取り入れ，自分のものにすることができたのである。ここで大事なことは，教師に言われて行動を修正し，失敗を解決していったのではないということである。むしろ，失敗を経験したときに，友だちから教わり，自分が何をすればよいかがわかると，その後の作業の定着にもつながっていくように思えた。

③　役割分担期（11月下旬〜）

　10月までの作業は完全分担制で行っていたため，3人とも任された仕事はきっちりこなせるようになっていたが，作業自体は一人ひとりが独立していて，3人がかかわる場面はほとんどなかった。そこで11月からの作業は，これまで教師が決めていた分担をなくし，自分達で話し合って，その日の作業を分担するように変えた。最初は，予想通り，子どもたちはどうしてよいかわからず大混乱で，各自が目に付いた作業に思い思いに取りかかってみたり，自分に与えられた作業だけをマイペースにこなしていたりしていて，3人での共同作業には多くの課題が残された。

　このとき，教師は生徒に①取りかかった作業は仲間に伝え合うこと，②自分の仕事以外にも目を向けることを状況を見ながら伝えるようにした。また，一緒に仕事をしている友だちの存在を意識できるように教師は生徒への言葉かけにも気を配るようにした。この時期のエピソードを以下に3つ紹介する。

〇エピソード3「状況を見て，判断し，行動する力を身につける」

> 　材料を準備する担当になったE児は，作業が始まるとすぐに，目に付いた小麦粉の計量に取りかかった。しかし，しばらくすると，バターを溶かし終わったD児の作業が中断していた。E児が手順を意識せずに作業を始めてしまった結果，D児が次に使う材料の準備が後回しになってしまった。そこで，教師は「クッキーづくりは一人で行っているわけではない」ことを生徒に話した。手順を守らなかったことで友だちの手を止めてしまったこの経験は，E児の印象に強く残り，それ以後レシピを確認しながら作業を進める姿が見られるようになった（モデル図2参照）。

〇エピソード4「状況を見て，判断し，行動する力を身につける」

> 　自分の仕事はしっかり終わらせたD児。ほっとした気持ちから，教師にしゃべりかけ始めた。しかし，そのとき，他の2人はまだ作業中だった。この姿を見た教師はD児に対して「みんなは何をしているのかな？」と問いかけると，D児ははっとしておしゃべりをやめた。そして，教師はD児に対して「早く終わったときには友だちのサポートに入り，みんなで早く終われるように手助けしてほしい」と伝えた。すると，自分から洗い物が残っていることに気付き，取りかかり始めた（モデル図3参照）。

自己流で作業を進めているとき

「これから始めよう！」

「今はどの作業をしているの？レシピを見て確認してみよう！」

「レシピを確認せず、覚えている作業や得意な作業から始めている！重要な手順や段取りもあることを伝えたい！」

文字を読むことにも苦手意識が強いため、目に付いたものから取りかかり始める。

かかわり方を意識した指導案より（モデル図２）

○エピソード５「状況を見て，判断し，行動する力を身につける」

> D児がオーブンを担当したときの話である。オーブンには多少の自信があったD児。この日も注意深くオーブンの中の様子を見守っていた。けれど，焼いている間，ずっとオーブンの前に立ったままでいるD児に対して，教師は「この時間を使って他にできることはないかな」と問いかけた。すると，D児は「洗い物……」と答えた。教師はこの発言に対して「よく気付けたね」と褒めた。この出来事以降，D児は教師から問いかけがなくても，焼いている時間を使って，洗い物に取りかかる姿が見られるようになった。

このようなエピソードから，状況を見て，判断し，行動する力を身につけるためには，次のようなかかわり方が有効であることがわかった。すなわち，

- 周りの様子を意識できるような働きかけをすること
- 効率を意識できるような働きかけをすること
- 自分達の活動を振り返る機会を作ること

である。「自分達の活動を振り返る」機会としては，作業が終わった後の反省会を大切にした。反省会は今日の自分の動きはどうだったのか，友だちとの協力の仕方はどうだったのかについて生徒達からの意見を引き出しながら進めた。また，効率が良いとはどういうことかなど生徒達とじっくり話をするようにした。反省会で出た課題について次の作業ですぐに改善しようとする姿が生徒たちの動きから見られた。こうしたことからも，作業学習の最後に行った振り返りの大切さを感じた。

④　リーダー中心期（１月中旬〜）

12月までの取り組みで見えてきた課題もあった。それは，ある特定の生徒が常にリーダーシップを発揮し，その他の生徒は自分ではあまり考えず，その生徒に従うという構図ができつつあったことである。こうした状況を打破するために，１月中旬からは，授業の最初に教

第7章 作業学習をどう改革するか

自分の仕事が早く終わったとき

- 早く終わった！去年はね……（ぺちゃくちゃ）
- 次は何をしたらいいかな？考えてみよう。
- まだ作業している友だちに気づいて、手伝おうとする気持ちを持ってほしい。
- あー！自分の仕事は終わったぞ！

かかわり方を意識した指導案より（モデル図3）

師のほうからリーダーを指名し、その生徒を中心に作業を進めるようにした。これは、リーダーを任されることで、どの生徒も周囲を意識したり、効率よく作業を進めるための方法を考えたりできるようにしていきたいとのねらいからであった。この取り組みを始めてから、リーダーになることで、少しずつ友だちの動きや作業の段取りを考える姿勢が身についてきたと感じている。

(3) 成果と今後の課題

　以上のようなクッキーづくりの実践を通して、生徒達に変化がいくつか見えてきた。まず一番強く感じる変化は、「自分がやらなければ！」という責任感が育ってきたことである。生徒達は、クッキーづくりの技術を身につけ、食べた人からおいしいと言われるクッキーを作ることができたので、自信をつけた。その後、教師の生徒に対するかかわり方を変えたことで、生徒自身が「自分がやらなければ誰も代わってはくれない」という意識を持つようになり、人に頼らずに自分で考えて取り組むという姿勢が徐々に出てくるようになった。ときどき時間内に作業が終わらなかったときには、昼休みや放課後に残業することを自分から選択するようにもなっていった。また、生徒たちは自分達が中心となって進めていく作業を続けることで、仕事に対するプライドや喜びにつなげることができてきたと感じている。

　2つめの変化として、生徒達は状況を見てどの仕事をすればよいか判断できるようになってきた。特にリーダーを任されるようになってからは、友だちに何をすればよいか聞かれることも多く、自分の作業だけに没頭しているわけにはいかなくなったことが大きな変化をもたらしたと考える。つまり、「今、何をすべきか。今、何ができるのか」の判断をしなければならない状況の中で、生徒は、自分が今やるべきことを見つけられるようになったのである。

3つめの変化としては，生徒から様々な気付きが湧き出してきたという点が挙げられる。例えば，その日の気温によってバターの溶け具合が違うことや，クッキーの厚さによって焼き時間が変わることなどに生徒たちは自分で気付いていった。教えられた知識よりも，自分で得たこうした知識は，すぐに生徒の力となって発揮されていくという事実を目の当たりにすることができたことも作業学習改革を通しての成果であったと考える。

　もちろん今後の課題もたくさんある。2～3月の実践では，周囲の人と共同して作業することのよさや，その際のコミュニケーションの重要性をより強く感じてほしいと思い，「友だちと協力して効率よく作業を進める」ことを日々の目標に据えて行った。この取り組みでは，その日に与えられた作業を時間内に終わらせることに重きを置いていたので，段取りよく作業をするとはどういうことなのかを，機会を捉えて生徒には伝えていた。しかし，なかなか時間は短縮できず，いつも残業しているような状態が続いていた。その原因としては，作業の分担が，生徒の得手不得手によって自然に固定化されてしまったこと，生徒同士のコミュニケーションがまだまだ不足していること，素早くやることの大切さを生徒達に十分に感じさせることができなかったことなどが考えられる。

　素早く作業を進めるとはどういうことなのかを感じてほしくて，教師対生徒で作業の素早さを対決したりもした。しかし，もう少し別のかかわり方もあったのではないかと反省している。クッキーの販売会の日や，注文を受け商品を渡す日を決め，それまでの作業の計画を自分達で立てたらよいのではなかったかなど，改善の余地はまだまだあるだろう。

3　まとめにかえて―作業学習改革の視点―

　以上の実践例を踏まえて，作業学習改革の視点を以下の3点にまとめたい。
① 　適度なあいまいさを残す状況設定
② 　意図的な声かけ・働きかけ（すぐに手助けをするのではなく，待つことも大切）
③ 　判断する機会と振り返りの機会を多く持ち，そこから学ばせる

　以上のような実践の視点は作業学習に限ったことではないかもしれない。しかし，作業学習は社会を意識した実践であること，また，従来からの作業学習は固定的な活動になりがちな実践であることを考えると，上記の3点を意識して実践を改革していくことは，極めて重要なことであると言えるのではないだろうか。

　今回，紹介したクッキーづくりの実践は，比較的認識能力の高い子どもたちの取り組みであった。そのため，作業に必要な基本的スキルを身につけるのが早くできたり，自然と気付いてできるようになる場面も多くあった。しかし，今回の実践のような短期間での変化は望めないかもしれないが，同じ視点で作業学習を展開していけば，重度の知的障害児であっても，彼らなりに考え，判断する力は身についてくると信じている。

作業学習の改革を通して,これまでよりも子どもたちがもっとたくさん,働くことの喜びを感じ,また,自分からいろいろなことを発見していくことができるようにしていきたい。こうした働く実感こそが,(作業所や福祉施設を含めて)就労先に移行したときに,じっくりと仕事や作業と向き合うことができ,充実した日々を送ることができるようになる基礎となるのだと考える。

参考文献
- 早川透（2003）「知的障害養護学校の授業における『共感』の役割―『連続する授業』の観察を通して」障害児教育実践研究会編『障害児教育実践の研究』第15号,pp.6-12
- 若松義人（2006）『なぜトヨタは人を育てるのがうまいのか』ＰＨＰ新書

研究授業と教師のキャリアアップ

　研究発表や研究授業は「労多くして益少なし」と敬遠する先生が多いかもしれませんが，さて，本当にそうなのでしょうか？
　たしかに，発表のための発表，研究のための研究というようなケースがあるのも事実です。発表原稿を一字一句チェックして，時間内に終わるように何度も何度もリハーサルして，掲示板や案内の準備をして……「はたしてこれが子どもたちのために必要なのか」と思うこともあるでしょう。しかし，授業の充実こそが子どもたちの幸せにつながります。それならば「授業」を前面に押し出して研究を進めていくと考えてはどうでしょうか。形式的なことや事務的なことでいやになってしまう部分はあるかもしれませんが，そこはうまく折り合いを付けて授業に全力を注ぐことです。
　私はこれまで，自分の授業力を付けるためのトレーニングとして1年に数回は指導案を書いて授業をすることを自分に課してきました。多い年では1カ月に1回のペースで行いました。ただし，いわゆる本格的な指導案を書くのではなく，A4で1枚程度の略案でやることもありました。また，校内にとりあえず告知して授業公開をしたものの，誰も見に来ないこともありました。時には，参観した先生方から酷評を受けた授業もありました。もちろん指導案を丁寧に書いて研究授業としてきっちり行う授業もやってきました。ウエイトの置き方に軽重はあっても「授業こそ大事」というスタンスは一貫してやってきました。研究授業では，そうした姿勢を持つことが第一歩ではないかと思います。
　若い頃は「どんな意見でもよく聞いて自分にとってプラスだと思うことだけ選んでやっていけばいい」とアドバイスされたこともあります。たとえ自分と授業の考え方が全く違う人の話でも，「なるほど！」と思うようなことがあります。だから，そうした人からも話を聞いて，一つでも納得できることがあれば，素直に「ありがとうございました」と頭を下げていました。人の話をまず聞く，そして話し合う，語り合う……そうしているうちに，協力してくれる同僚も少しずつ増えていきました。
　授業公開の場数を踏んでいくと，次第に「誰もやらないならとりあえず研究授業を引き受けますよ」というスタンスになってきました。こうした「授業中心」の研究スタンスは管理職にも受け入れられて，私の学校では「授業中心」の自主研究会を継続して行っています。
　もちろん，こんな形でやっていくことが難しい職場もあるでしょう。心ならずも「研究授業をやらなければならない」という日々を送っている先生もいるかもしれません。しかし，学校というところは，「子どもたちのため」という一点では管理職を含めた全教職員と協働できると思いますし，「授業の充実・改善」を否定する教員はいないと思います。ですから，やはり愚直に，粘り強く「授業」について意見表明し，実践していくことが大切ではないかと思っています。

　　　　　　　　　　　　　　　　　　　　　　　　　　（高橋浩平）

第3部

子どもを伸ばす
プロデューサーになろう

　授業づくりは，演劇や映画づくりのように文化を媒介にして，子どもたちとともに文化的な価値を創造する仕事です。

　私たち教師は，演出家のように，授業という場を作り出すプロデューサーの役目を担っています。「学習指導案」「ティーム・ティーチング」のあり方を考えながら，子どもを伸ばし，発達に寄与する授業をプロデュースしていくプロの力量とは何かを考えましょう。そして，そのキャリアをアップする課題は何かを明らかにしたいと思います。

　この「特別支援教育キャリアアップシリーズ」全3巻の最終章は，子どもとの「関係」を取り上げました。教師と子どもが，授業づくりを通して，共に育ち合う「関係」をどう築いていくのか。特別支援教育に関わる私たちにとって，原点でもあり，また常に実践の土台に位置するこの課題の深さと意義を改めて確かめてみたいと思います。

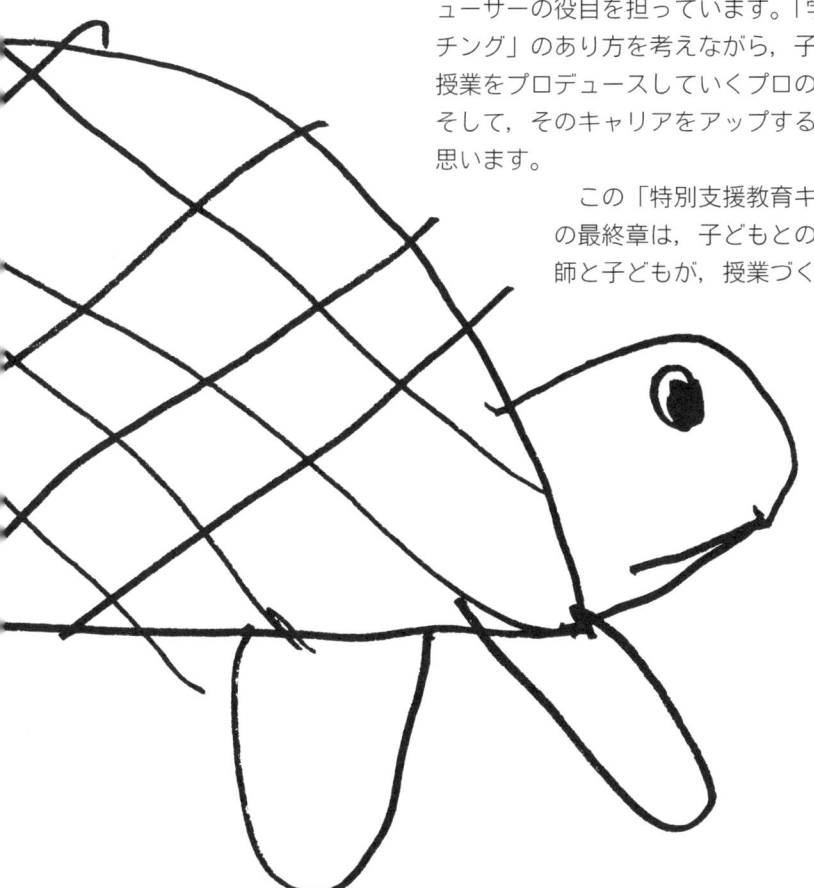

第8章
ティーム・ティーチングの研究と授業実践

1　個に応じた支援とティーム・ティーチングの研究

　日立市立日立養護学校では2003(平成15)年度までの3年間，個別の指導計画に関する研究に取り組み，個別の指導計画について形式や作成の手順等については一通り整備することができた。そこで2003(平成15)年度からは，個別の指導計画を実際の授業で生かすことができるようにするため，「自ら伸びようとする児童・生徒の育成を目指した授業づくり」という研究主題を定め，全校的な授業改善に取り組むことにした。

　本校は茨城県日立市にある特別支援学校(知的障害)である。ここ数年は肢体不自由を併せ持つ知的障害の児童・生徒の割合が増えており，重度重複学級が毎年増設されている。また県内で唯一の市立特別支援学校であり，教師の多数が市内あるいは近隣の小中学校から赴任してくる。そのため本校には赴任して初めて特別支援教育に携わるという教師も多く，特別支援教育の授業づくりに関しても初歩から学ぶことが必要な教師もいるといった特徴がある。

　こうした状況の中で本校では，まずそれぞれの学部・ブロックごとに授業に関する疑問点や悩みを率直に出し合い，話し合うことから研究をスタートすることにした。年度当初の忙しい中ではあったが話し合いの時間をそれぞれの学部・ブロックで捻出し，意見交換をした。研究を進めていく過程で，次第に学部・ブロックを問わず全校に共通した課題が浮き彫りになってきた。それは，多様な実態の児童・生徒に対応できるようにするため，もっと個に応じた支援を徹底させなければならない，ということであった。

　こうした研究課題に関しては，茨城県教育研修センターの報告書(2001年3月)の中に，個に応じた支援を充実させるためには「教師の連携・協力，すなわちティーム・ティーチングが十分に機能すること」が必要であると述べられていることでもあり，本校では2003(平成15)年度より，ティーム・ティーチングについて指導案から見直すことにした。

2　指導案の工夫と教師の意識の変化

(1) 様々な指導案を提案し合う

　2003(平成15)年度から2004(平成16)年度にかけ，各学部・ブロックごとにそれぞれ指導案

の工夫・改善を行い，次頁のような指導案を考案し，授業研究と協議会を積み重ねてきた（次頁，表8-1：一部抜粋）。

　この指導案の特徴は，Ｔ１が考えた授業の流れにそって，Ｔ２以下，ティーム・ティーチングに参加するすべての教師が自分の動き（担当児童等に対する学習支援の方法）を記述していくという点にある。こうした指導案に基づき，研究授業を繰り返すことによって，授業に対する教師の意識が少しずつ，確実に変化していった。研究授業後のアンケートでは，次のような感想を持つ教師が多かった。

- Ｔ２，Ｔ３の視点で児童・生徒の活動を考え授業を作ることの重要性に気づいた。
- チームで指導することを意識して取り組むことで新しいことができるようになった。
- Ｔ２，Ｔ３の動きがその場の思いつきでなくなり，自分がＴ１になったときも，とても授業がしやすくなった。
- 教師一人ひとりが自分の役割を意識することで，児童・生徒の気持ちを代弁したり楽しさを共有することができ，意欲を引き出せると感じた。重度の児童・生徒に対しても，チーム支援を試みることにより，活動の可能性が広がると感じた。

3　ティーム・ティーチングにおける指導方法の深化

　2005（平成17）年度は，2003，2004年度の研究成果を受けて，児童・生徒の実態の多様性（≒多様な教育的ニーズ）にさらに対応していくため，ティーム・ティーチングについて計画段階のみならず，実践段階や授業後の反省の持ち方なども含めて工夫することにした。それにより，課題の一つである児童・生徒の発達についての的確な見取りという問題も，チームで協議することによってある程度解決できるのではないかと考えた。

　特別支援教育では，計画・実践・評価のサイクルをより一層大切にすることが求められている。特に学習場面では，一人ひとりの児童・生徒の実態を的確に見取り，適切な支援の方法を用いて指導を行う必要がある。そこで，指導を定期的に振り返り，指導目標や内容を修正しながら授業研究に取り組むことにした。

　これまでの研究で，Ｔ２以下の教師が自分自身の学習中の支援の手立てを考え指導案の中に記入することにしていた。これにより，それぞれの教師の支援の手立てがわかるようになり，教師自身も学習指導者としての意識が持てるようになったことは前述の通りである。こうした中で，個々の児童・生徒をどのように学習支援していくか，また，どのように個別の指導計画を生かしていくかが研究課題として挙げられた。そのため，こうした点を踏まえた指導案へと改良する必要性が生じ，各学部で指導案をさらに改善していくことになった。

表 8-1　指導案

		T1
2　グループ学習 (1)「えがおできょうも」の手遊びをする。	BGM	・BGM が流れたら生徒たちに声をかけて席に誘う。Aの移動を補助する。 ・手遊びをしながら，身体の各部分を意識したり，教師や友達に意識を向けたりできるように，言葉かけをして楽しい雰囲気作りをする。
(2)　トーマス号に乗って動物園に行こう ○呼名に応え，鈴ロープ電車に乗る。 ・A―T1の顔を見て握手をする。 ・B，C―T1の顔を見てT1と手を合わせる。 ・D―T1の顔を見て返事をする。 ・「動物園に行こうよ」の歌に合わせて，みんなで鈴ロープを揺らす。	鈴ロープ BGM	・視線が合うように生徒の目の前で呼名をし，自分なりの方法で呼名に応えるまで待つようにする。【コ（1）】 ・鈴ロープに興味・関心が持てるように，鈴を鳴らしながら鈴ロープを手渡し，みんなで鈴ロープ電車に乗って動物園に行くことを伝える。 ・Aには，自分から鈴ロープを触ったり，動く様子を見たりできるように，傍で歌いながら言葉かけをし，みんなと一緒に活動する楽しさが感じられるようにする。
○ぞうと綱引きをする。 ・輪にした綱をみんなで持ち，引っ張り合う。	動物の写真 BGM 綱	・教師や友達を意識しながら綱を引っ張り合えるよう，掛け声をかけたり，励ましたりしていく。 ・Aが綱から手を離したときには，無理強いせずに言葉かけをしながら手を添えて綱を持ち，引っ張ったり引っ張られたりする感覚が味わえるようにする。
○ぞうに乗って遊ぶ。 ・ロールマットの上にまたがり，揺れを楽しむ。	ロールマットのぞう	・AとBをロールマットに誘う。Aがロールマットをまたげるよう補助をし，言葉かけをしたり歌ったりしながらロールマットの揺れを楽しめるようにする。
○キリンやさる，ぞうにえさをあげる。 ・マジックテープで止めてあるビーンズバッグをはがし，穴に入れる。 ・ボールの色と穴の色，果物の模型と写真のマッチングをしながら穴にボールや果物の模型を入れる。 ◎授業全体の評価の観点	動物の絵 果物の模型 ボール ビーンズバッグ	・Aがボール等を投げようとしたときには，手を添えて一緒に持ったり，入り口を指差したりする。自分から入れることができたときには，大いに称賛し，意欲を高めていく。 ・Aが排泄の訴えをしたときには，トイレへ引率，介助をする。 ◎教材に興味・関心を持ち，自分から見たり触ったり活動したりすることができたか。 （A観察―表情，動作） ◎教師や友達と一に楽しく活動できたか。 （A〜D観察―表情，動作）

【　】内は自立活動の指導内容。コ：コミュニケーション，心：心理的安定，身：身体の動きを示し，

（抜粋）

T 2	T 3	T 4（介護員）
・グループ学習の始まりが意識できるようにBGMを流す。机や椅子の移動をし，Cを席に誘う。Cがグループ学習に気が向かないときには，少しでもグループのみんなと場の共有ができるように「動物園に行ってから，休憩しようね」と言葉かけをする。 ・生徒たちが鈴ロープにつかまったことを確認してから「動物園に行こう」の曲を流す。 ・Cが教室を離れた場合には，本人の情緒が安定する場へ一緒に移動し，見守るようにする。【心（3）】	・グループ活動がしやすいように机や椅子の移動をし，Dを席に誘う。 ・Dには，T1に注目したり手遊びをしたりするように言葉かけをし，傍で一緒に歌を歌って楽しい雰囲気作りをする。 ・電車がホームへ入ってきた雰囲気を出すために，鈴ロープを鳴らして乗車を呼びかけながら，T1に鈴ロープを手渡す。 ・Dが自分から鈴ロープを持って揺らしているときには称賛して，意欲的に活動できるようにする。	・Bの歩行を補助しながら席へ移動する。【身（4）】 ・Bが楽しく活動できるように一緒に手をとって手遊びをしたり，言葉かけをして身体の各部分を触るなどして，意識を持たせるようにする。 ・Bができるだけ自分で鈴ロープを操作できるように，握り方を補助したり，姿勢の保持を確認したりする。【身（5）】
・CやDが綱を引っ張ったり，引っ張られたりする感覚を味わえるように，綱を一緒に引く。	・動物園に着いた雰囲気を出すために鈴ロープ電車に乗車しているときに，動物パネルをみんなの周りに並べる。また，T1の言葉かけを受けてぞうに見立てたロールマットにまたがり登場し，ぞうの役を演じる。	・引っ張ったり引っ張られたりする感覚を味わえるように，Bの様子を見ながら綱の操作を傍でする。
・綱引きが終わった後，Cがロールマットに乗るかえさを動物にやるか自分で選択できるように言葉かけをする。ロールマットを選択したときには，リラックスできるように，傍で揺らすようにする。Cがえさをやる活動を選択したときには，動物や果物の名前を確認しながら，穴に入れるように言葉かけをする。 ・T1がAのトイレ介助により，教室を離れたときには，T1として全体の動きを把握するようにする。 ◎鈴ロープ電車に乗って，みんなと場の共有をし，その後の活動を選択して一定時間取り組むことができたか。（C観察―表情，動作）	・選びやすいように2種類の果物の模型やボールを提示するようにし，絵カードと同じものをよく見て選択するよう言葉かけをする。動物の口に果物の模型やボールが入れられるよう，指差しや言葉かけをする。 ・Dが活動場所から離れたときには，励ましながら興味を持たせるようにする。【心（3）】 ◎ボールの色をよく見て，マッチングをしながら動物の口に入れることができたか。（D観察―表情，動作）	・ロールマットをまたぐ際，手をついたり腰を下ろしたりする位置を確認しながら自分の力で乗って揺れたり動いたりできるように補助をして，できたときには，称賛をする。 ・動物にえさをあげるときには，えさをあげたい動物の前に座るなどして，安定した姿勢保持をしてから取り組めるように補助をする。 ・色や形に興味が持てるように言葉かけをしながらマッチングをし，できるだけ自分から動物の口に入れるようにする。自分から入れることが難しいときには，教師に渡して入れてもらうことを頼むようにする。 ◎教材に興味・関心を持ち，自分から見たり触ったり活動したりすることができたか。（B観察―表情，動作）

（　）内の数字は学習指導要領の観点の番号を示した。

以下，2005(平成17)年度，2006(平成18)年度の2年間の実践研究の中から，小学部高学年における「大集団におけるティーム・ティーチング」の研究プロセスを紹介しながら，ティーム・ティーチングの中で個々の学習課題にどのように迫ることができるかについて考えてみたい。

(1)「集団」の中で「個」を見つめ，子どもへの関わり方を深化させる

小学部高学年では，児童の障害の重度重複化・多様化が顕著なために，これまで行ってきた学習の内容を見直し，どの児童も楽しく活動できる「遊び」の単元を生活単元学習の年間指導計画に取り入れることにした。この授業では，「遊び」を行う上で，遊びの素材をどうするか，場の設定はどうするかなど活動の方法について繰り返し話し合った。その結果，比較的手に入りやすい独特な肌触りや適度な強度がある段ボールを使い，「ダンダンタウン」という街をつくって授業を展開していくことにした。児童の遊びの実態を知るために事前学習として，いろいろな大きさの段ボール箱をいくつも用意して，児童一人ひとりがどのように遊びに使い，また，どのような遊びをするのか数時間，観察を続けた。それをもとに，段ボールや空き箱等材料を用意し建物やお店，乗り物などを作ることにした。

① 授業展開の工夫

児童が活動を楽しみにできるように，段ボールで作ったキャラクター「ダンちゃん」を登場させた。各教室を回り，「ダンちゃん」が遊びに誘うことで単元「ダンダンタウンであそぼう」の導入とした。学習の始めや終わりのあいさつはせず，始めの音楽と終わりの音楽を決め，授業の流れが子どもにわかるように工夫した。また，終わりの音楽を流すと同時に使っていた段ボールの乗り物や建物を片づけるようにし，視覚的にも終わりが意識できるようにした。繰り返し活動するうちに，教師が言葉かけをしなくても音楽が流れると片づけをするようになった。

② 評価の方法

児童の学習活動の様子や教師の支援などがわかるように一人ひとりの個表を作成することにした。単元の性質上，教師が担当する児童以外の様子を把握することが難しいため，個表を毎時間記入し，教師間で話し合うことにした。こうしたことを行ったので，学習活動を行っているときには気付かなかった児童全体の様子を共通理解することができるようになった。また，児童への支援の方法を互いに相談し，話し合う機会を確保することができた。

教師は担当児童だけでなく積極的に遊べる児童や教師が仲立ちすればほかの児童と遊べる児童に対しては，児童の活動の様子を見て集団での遊びに誘ったり担当児童を遊びに参加できるように促したりした。そうするうちに，教師間で声を掛け合ったり目で合図をし合ったりするようになり，担当児童のみに目をとられがちだった教師もほかの児童の活動や教師の動きに気をつけることができるようになった。一定期間活動したあとに，児童の担当教師を

ローテーションで回し，すべての教師が支援にあたれるようにしたことで，支援の手立てが発展し児童の遊びを広げることができた。

(2) 「授業の流れ」の中で「個」を支援する

前年度の実践を受けて，児童の遊びの広がり・深まりを目指して，「ダンダンタウンであそぼう」の単元の前に「かみかみタウンであそぼう」という新聞紙を主体にした遊びの学習を行った。ここでは，身近にたくさんあり，ちぎる・丸める・折る・貼るなど素材自体に直接的に働きかけることができ，素材を十分に味わえる新聞紙を使って，作る喜びや遊ぶ喜び，友達や教師と関わっていく喜びを味わいながら遊びを広げるようにした。

その発展として「ダンダンタウンであそぼう」を行った。事前に身体を使って十分に遊びを楽しむことができた児童は，よりダイナミックな活動として楽しむことができた。

① 指導案の改善

これまでの指導案での児童の実態部分は，個別の指導計画から単元に合わせた目標を記入する程度の簡単なものであった。そのため，児童一人ひとりの学習活動中の支援がイメージしにくかった。そこで，活動に参加が難しい自閉症児を抽出し「実践モデル」を立てることにした。実践モデルは，フローチャート式にし，活動につまずいたり不安定になったりしたときでも教師が慌てずに支援できるように支援のパターンを数多く記入して授業に臨んだ（次頁，図8-1）。こうした指導案を作成することで，授業参加が難しかった自閉症児が学習に参加できる姿が多くなった。

② 場や児童に応じた支援

学習を進める中で，教師間の話し合いを大切にした。場の設定（91頁，図8-2）が立体的であり，ダンボールのかげで他の教師や児童の様子が見えにくい状況で授業が進行していたので，次時の準備をしながら教師間で意見交換をすることはとても貴重であった。どの児童がどの場所を好んでいたのか，多動な児童にはどのような対応をして遊びに誘うのかなどを話し合い，児童の様子によって場の設定を変えるなどの改善を繰り返した。

以上のような授業の設定を工夫した上で，活動中の教師の支援や児童の様子などを定期的に振り返ることができるように，ビデオを撮り，教員間で意見交換をするようにした。特に，実践モデル対象児の様子は定期的にビデオで撮影し，時系列を追って教師と子どもの様子を記述し，実践モデル対象児に対する今後の支援の改善方法や環境設定の工夫について話し合いを繰り返した。

```
┌─────────────────────────────────────────────────────────────────────────┐
│ A児：自閉症                                                              │
│  ○聴覚が過敏であり，音や曲についての好き嫌いがある。                    │
│  ○肥満のため，体を動かすことに抵抗がある。                              │
│  ○教師と一緒であれば集団生活への参加ができることがある。                │
│  ○発語はないが，いくつかの言語理解がある。要求行動はほとんどない。      │
│  ○気が向けば，ブランコや滑り台で遊んだり，絵本をながめたりする。        │
│  ○「かみかみタウン」では，プレイルームまで移動できなかったり教室に座り込│
│   むことが多かったが，教師が誘うと感覚遊びを行うこともあった。          │
│  ○「ダンダンタウンであそぼう」では，プレイルームまで移動できなかったり  │
│   座り込んだりしたが，遊びをパズルでパターン化することで教師と一緒に参  │
│   加できることもあった。                                                │
│  ○行事や教室の移動，活動の流れについては，写真カードで見通しを持たせ，  │
│   安心して取り組めるように支援している。                                │
└─────────────────────────────────────────────────────────────────────────┘
```

ねらい：教師の補助を受けながら遊びに参加する。

```
    ( 教室から移動する )  ┄┄┄┄┄┄┄┄  ・活動場所や活動内容がわかるように写真カードを見
            │                          せる。
            ▼                        ・活動に入りやすいように本児の好きなネコバスで誘
          ╱＼          NO              う。
        ╱入室╲ ─────→               ・落ち着くのを待ち，移動するように言葉かけをする。
        ╲したか╱
          ╲╱
         YES│
            ▼
    ( 好きな場所に移動する )  ┄┄┄┄  ・入り口の隅に座り込まないように，入り口にアーチ
            │                          を設置してくぐらせたり本人の好みそうな遊びに誘
            ▼                          ったりする。
          ╱＼          NO            ・「ダンダンタウンであそぼう」と同じように，トト
        ╱移動╲ ─────→                ロパズルと各コーナーの遊びとを関連づけることで
        ╲できたか╱                    ダンダンタウンで遊べるように援助する。
          ╲╱                        ・座り込みそうなときには，本児の好きな可動の箱に
         YES│                         入るよう補助する。
```

┌───┐
│ ┌──────────┐ ・歩いて移動しないときには，可動の箱に乗せたまま「買い物に行こう」「次は○○│
│ │ 乗り物で遊ぶ │ 駅だよ」などと言葉かけをして乗り物に見立てて遊べるようにする。   │
│ └──────────┘   │
│ ┌──────────┐ ・誘っても広場の箱に入れないときには，本児が好きな可動の箱に入ったままで他の│
│ │ ダンダンひろば│ 児童と一緒に箱を引いたり回したりして遊べるようにする。   │
│ │ で遊ぶ   │ ・本児の好きなキャラクターのトーテムポールを用意し，教師が積み方をやって見│
│ └──────────┘ せたり手を添えたりして積む遊びをする。できるようになったら一人であるいは教師│
│   や他の児童と一緒に完成できるよう補助する。   │
│   ・かみかみタウンで遊んだことのある段ボールキャラクターを用意し，安心して遊び│
│   に取り組めるようにする。   │
│ ┌──────────┐ ・「シャンプーしよう」「体を洗うよ」などと言葉かけをしたり，「マッサージする？」│
│ │ ダンダンどおり│ などと本児の好きな感覚遊びをしながら，教師と一緒にお風呂遊びができるようにする。│
│ │ で遊ぶ   │ ・本児の好きなキャラクターを使った物を用意しておき，お客さんになって「くだ│
│ └──────────┘ さい」のジェスチャーをしながら，お店で遊べるようにする。   │
│ ┌──────────┐ ・出入り口にアーチを用意し，ダンダンタウンの始まりと終わりに，必ずくぐって遊│
│ │ ダンダンのもり│ ぶ体験ができるようにする。   │
│ │ で遊ぶ   │ ・自分から箱やトンネルに入って遊ぶことが難しい場合には，大きな箱を頭からかぶ│
│ └──────────┘ るように補助をし，段ボールで囲まれた空間を楽しめるように支援する。   │
│   ・箱に穴をあけておき，隙間から回りの様子を見えるようにしながら，「もういいか│
│   い」「見つけた」などと言葉かけをしたり，教師がのぞき込んだりして，かくれん│
│   ぼ遊びを楽しめるようにする。   │
└───┘

```
            │                        ・気持ちが安定しているときには，他の児童
            │                          との関わりも持てるように配慮する。
            │                        ・教師がそばで遊んで見せ，遊びを共有できるようにする。
            │                        ・泣いたり耳をふさいだりしているときには，落ち着くまで
            ▼                          見守る。
          ╱＼                                                                NO
        ╱遊びに╲ ──────────────────────────────→
        ╲参加できたか╱
          ╲╱
         YES│
            ▼
    ( 教室にもどる )  ┄┄┄┄┄┄┄┄┄┄ ・戻るときにもネコバスで帰ることで，活動に一貫性を持た
                                       せ，終わりがわかりやすいようにする。
```

図8-1 対象児への支援のパターン（実践モデル）

第8章 ティーム・ティーチングの研究と授業実践

高いトンネル

飛び出し傾向がある児童が「もり」に入ったときには、「おいかけっこ」などの遊びに変えて、遊びに戻すようにする。

駅（バス停）

教師が仲立ちをして他の児童との関わりを促したり一緒にお店屋さんになったりして、楽しめるようにする。

ダンダンのもり　低いトンネル　低いトンネル

ダ
ン
ダ
ン
ど
お
り

お店屋さん

聴覚過敏などで不安定になってしまう児童には、段ボールに扉をつけて中に入れるようにする。

車椅子などの児童が疲れたときなどリラックスできるようにする。

「ごっこ遊び」ができる児童には、乗り物に乗って駅に向かうなど、自分から次に何をしたいのか決められるようにしたり自分が遊んでいる場所を意識したりできるようにする。

お家

車椅子や歩行が困難な児童は、リラックスできる姿勢にしたり身体を揺らしたりして、楽しむことができるようにする。

駅（バス停）

駅（バス停）

お風呂

ダンダンひろば

入れる

回す

並べる

積む

乗り物置き場

自分から遊びに向かうことが難しい自閉症児には、乗り物に好きなキャラクターのパズルを用意する。いろいろな遊び場でパーツを見つけパズルをしていくようにし、多くの遊びを経験できるようにする。

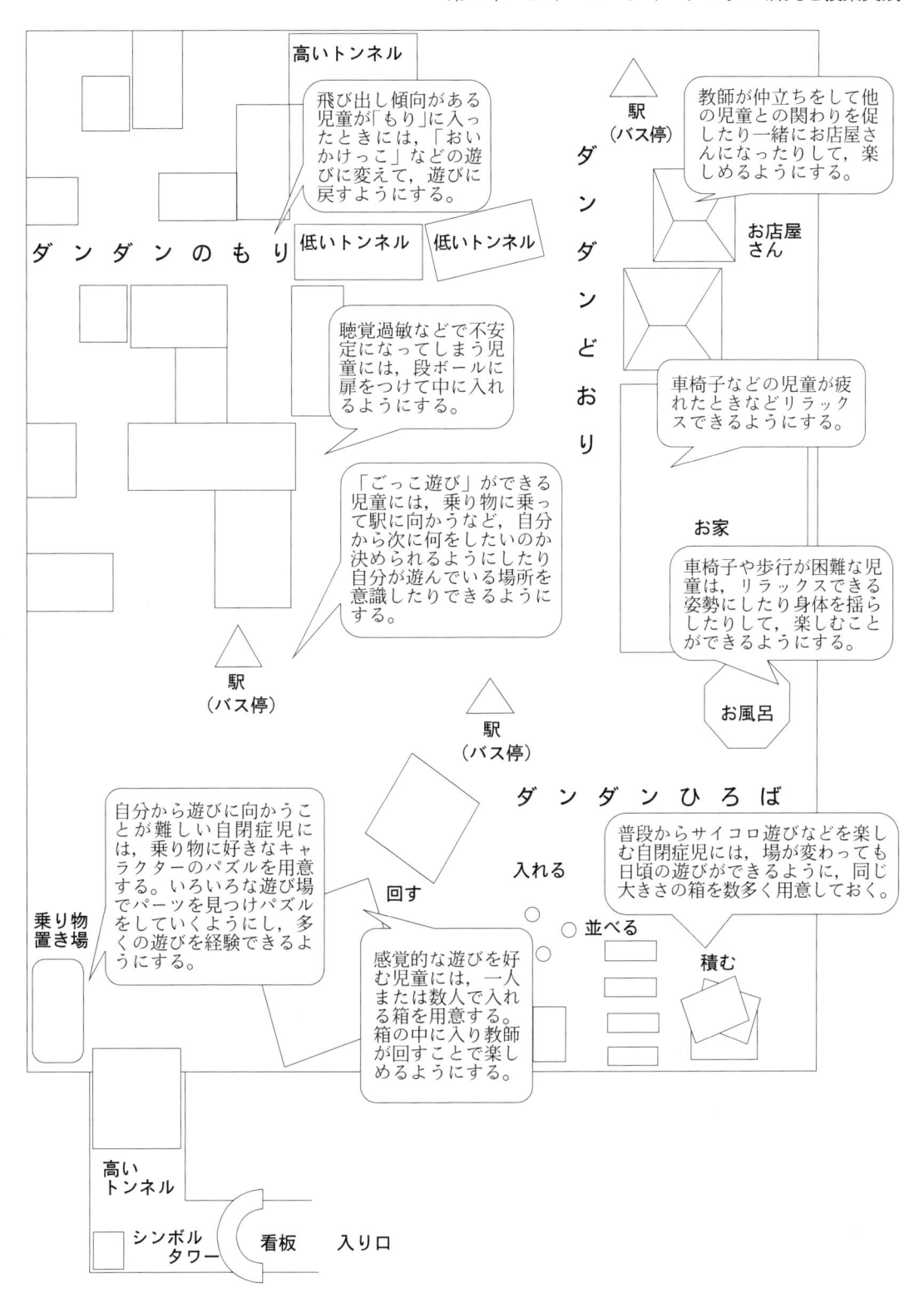

普段からサイコロ遊びなどを楽しむ自閉症児には、場が変わっても日頃の遊びができるように、同じ大きさの箱を数多く用意しておく。

感覚的な遊びを好む児童には、一人または数人で入れる箱を用意する。箱の中に入り教師が回すことで楽しめるようにする。

高いトンネル
シンボルタワー　看板　入り口

図8-2 「ダンダンタウン」の場の設定

4　ティーム・ティーチング研究と教育実践力

　以上のようなT2以下の教師も指導案を書く研究授業や，個々の子どもへの働きかけを記述する「実践モデル」の検討は，他の学部でも同様に実施した。

　小学部低学年では，課題学習でのグループ活動に参加が難しい児童を事例にし，授業から離脱してしまったときや学習中のつまずきに合わせた支援を複数の教師で考えていった。

　中学部では作業学習を取り上げ，一人で活動できる生徒と活動する際に教師の支援が必要な生徒の両方について実践モデルを考案し，授業における「つけたい力」と「予想される困難」を明確化して，個に応じた支援を提供した。

　高等部では，体育で身体のどの部位を動かすのか運動のポイントを図式化し，学部のすべての教師が統一した支援を提供できるようにした[1]。こうした研究を進める過程で共通理解が図られ，教師自身がより積極的に子どもを支援する当事者としての意識を高めた。

　T2やT3の働きかけの重要性や指導技術の分析などはこれまでにも様々な研究の中で行われてきたことである。しかし，そうした研究成果を実際の授業の中でどのように活用していくかといった点に焦点をあてた実践研究は少なかったと思われる。

　本校の取り組みはティーム・ティーチングを学部全体あるいは学校全体で推進していくために何が重要であるかということを示唆している。すなわち，ティームで子どもを支援する以上，共通理解が重要であり，共通理解をするための指導案や実践モデルといったツールがとても有効であったということである。教師の専門性やその専門性を背景にした教育実践力は，こうした学部や学校の「共同性」を基盤にして培われてくるものなのではないかと考える。

　注
1)　日立市立日立養護学校高等部の体育の実践については，本シリーズ第2巻『特別支援教育の授業を組み立てよう』（小川英彦他編著（2007），黎明書房）に詳述した。
　参考文献
・茨城県教育研修センター（2000）「特殊教育諸学校におけるティーム・ティーチングの在り方（個を生かす支援としてのティーム・ティーチング）」『特殊教育に関する研究・研究報告書第41号』

第9章
行動上の困難のある子と関係を築く

1　はじめに

　自分で思い描いていた通りに現実が進んでいかないとパニックに陥り、自分の腕を噛んだり、近くにいる友達を殴ったりする子どもがいる。こうした行動上の困難を引き起こす背景には、必ずしも学校や家庭での対応に問題があるということだけではなく、外界の変化（気圧や騒音など）や本人の調子（空腹時や眠りが浅かった翌朝など）でも起こりうるものだと考えられている。こうした子どものいるクラスでは、教師は子どもから目が離せない状態であることも多く、学年や学部、あるいは学校全体でフォローしあえる体制を築くことが欠かせない。

　自分や他人を傷つけるまでには至らなくとも、落ち着きがなく、教室を飛び出してしまったり、怒りっぽく、時々物を投げたり壊したりする子どもも、学校では行動上の困難を抱える子どもとして特別な対応を提供する必要がある場合がある。本章では、行動上の困難を広く捉え、教師はそうした子どもたちとどのような関係を築いていくことが必要であるのかについて、以下の2つの実践例[1]を素材にして検討したいと考える。

2　自傷の激しいAさんに対するリラックスルームの活用（事例Ⅰ）

　Aさんは、1日に何度も自分の顔を叩く子だった。「自分を見てほしい」「自分がしてほしいことをしてもらえない」「活動に見通しが持てない」「やりたくない」等、自分の顔を叩く理由は様々であったが、顔が腫れてしまうくらい強く叩くときがあった。そこで、「リラックスルーム」を作り、活用することにし、自分で気持ちを落ち着かせる方法を身につけてほしいと考えた。またそうすることが、Aさんにとっても気持ちが楽になるということをわかってほしいと教師は願っていた。

　学校の中に空いているスペースを見つけ、そこにソファーとラジカセを置くだけのシン

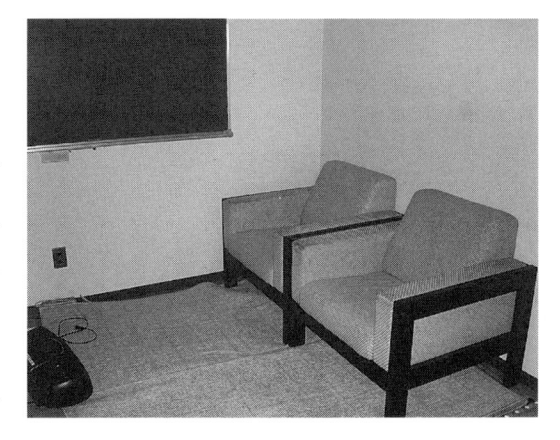

プルな部屋（正確には個別学習室の一角）を作り，リラックスルームとした。この部屋の明るさは，電気は付けずに，ブラインドを閉め，やや暗くしている。リラックスルームは一般的には暗いほうがよいと言われているが，本人から明るくしてほしいという要求があったときには，ブラインドを開き，少し明るくするようにしている。本人が一番リラックスして過ごすことができる環境づくりが第一であるからだ。

　リラックスルームを使用する方法は，入り口までは教師が一緒についていき，それからは一人で過ごさせるようにしている。リラックスルームを活用し始めた最初のころは，部屋の中に置いてある椅子に座り，何もせずに静かに過ごすだけだったが，Aさんが休み時間によく柔らかいボールを握って遊んでいたことから，感覚遊びが好きなのではないかと思い，リラックスルームに行く際に柔らかいボールを持たせて，椅子に座って感覚遊びをしながら過ごさせるようにした。

　リラックスルームを自分から活用できるようにするために，まずAさんにその部屋の使い方をわかってもらうところから始めた。リラックスルームを活用した最初の頃は，集団から離され，しかも一人にされたことに怒り，部屋の中で激しく泣いたり，顔を叩いたり，地団駄を踏んだりすることもあった。しかし，何度か使用しているうちに，少しの時間で落ち着くことができるようになったので，Aさんには気持ちを切り替える手段としてリラックスルームの活用が有効であると教師は判断した。

　リラックスルームを活用し始めて1週間が過ぎた頃，Aさんに変化が見られた。Aさんは，ある原因をきっかけに顔を叩き始めたが，激しくなる前に自分からリラックスルームを指差し，教員に手を振って入室しようとした。それだけではなく，しばらくすると，自分から戻ってきて活動を再開することができた。Aさんは，リラックスルームを「気持ちが落ち着く場所」として認識したようだった。現在では，1日の中で数回，時間を決めて入室し，休憩を取れるようにしている。そうすることで，Aさんにもこの活動を頑張ったあとはリラックスルームで休憩できるという見通しができ，穏やかに1日を過ごせることが多くなってきた。

　リラックスルームの使用は原則として10分までとしている。リラックスルームはあくまでも気持ちを静めるための部屋であるので，自分が何かしたくない活動があるときに，パニックを起こしてリラックスルームに閉じこもってその活動をしないですますというような誤った学習は避けなければならない。また，リラックスルームを使用する際には，気持ちが静まったら元の活動場所に戻るというルールを教師とAさんとで共有しなければならない。Aさんの場合，「休憩は10分間ね」という言葉かけだけでは理解が難しいので，リンゴの形をしたタイマーを使って時間を知らせるようにした。「このタイマーが鳴ったら休憩はおしまいだよ」と約束し，指切りをして約束をすることで，「タイマーが鳴ったから戻ろうね」という言葉かけに抵抗なく応じることができるようになった。

　このとき，注意しなければならないのは，タイマーが鳴っていないうちに本人とかかわる

第9章　行動上の困難のある子と関係を築く

と,「まだ鳴っていないじゃないか」と怒って,またパニックを引き起こしてしまう場合があることである。彼にとっては,タイマーが鳴るまでの時間は,誰にも邪魔されずにゆっくり気持ちを落ち着けることができる大切な時間だということを教師は理解し,教師の側も「約束を守る」ことは徹底しなければならない。こうした対応を続けていると,数カ月後には,彼もルールが明確になっていたほうがよいのか,リラックスルームで休みたいと要求する際に,自分からリンゴのタイマーを持ってくるようになった。

　リラックスルームの活用に際しては,教師間の共通理解も不可欠である。リラックスルームはあくまでも,気持ちを静めるために活用するのであり,問題行動を起こしたときの反省室とは異なる。リラックスルームを活用する場合には,気持ちが混乱したことを本人に自覚させ,自ら「あの部屋で休む」という行動を選択し,短時間で気持ちを静めて再び活動に参加させるという統一した流れで教師が子どもと関わらなければならない。

3　不安の強いBさんとの身体的コミュニケーション（事例Ⅱ）

　教師の指示やチャイムなど学級全体への働きかけでは活動の始まりと終わりがわかりにくい自閉症児がいる。こうした自閉症児は,いつ何が始まるかわからないので,とても不安な中で生活している。こうした自閉症児に対しては,活動を始める前に個別に働きかけることで気持ちを安定させることができる。この働きかけは,言葉かけよりも,身体に直接働きかけたほうがよいことがある。事例Ⅱの不安の強いBさんに対しては,安心を生むための支援として身体的コミュニケーションの実践例を取り上げる。

　高等部のBさんは自閉症で多動傾向があり,こちらからの言葉かけに対して,スムーズに指示が通らないことが多い生徒だった。当然,授業の始まりの合図として,あいさつや言葉かけだけでは,席に着くことはもちろん,学習に取り組む意識を持つことも難しい生徒だった。

　Bさんは授業が始まる時間になると,教師と一緒に教室に入るようにしていた。教室には,心が落ち着くような曲をかけ,教師は「マッサージをするよ」と伝えながら席に着くことを促す。その後,授業の最初に10分間程度,腕の圧迫や背中を叩くなどの本人にとって心地良いと思われるマッサージを取り入れ,課題学習がある日は毎日継続して行った。そうしているうちに,課題学習の授業が始まる前には大好きなマッサージをしてもらえるということがわかったのか,「課題学習を始めるよ」という言葉かけをするだけで,席に着くことができるようになった。またマッサージをされることで,気持ちが切り替わり,落ち着いて学習に取り組む姿勢が見られるようになった。

　Bさんにとっては,活動と活動の合間に何をすればよいかわからない状況に陥ることが多く,注意が散漫になっていることも多くあった。こうしたときに,場面や気持ちを切り替

る効果が身体的コミュニケーション（マッサージ）にはあったと考える。こうした気持ちの切り替えができるようになったことで，授業中の課題に注目しやすくなり，集中力も高まったと考える。

　子どもとかかわり合う中でその子が心地よいと感じる刺激を見つけ，そうした刺激を授業中に活用していくことで子どもの学習への参加が高まることは事実である。しかし，その半面，あまり多くの場面においてやり過ぎるとマッサージをしなければ何もできないということになってしまう危険性もある。そのため，こうした取り組みは，活動の最初や最後など，時間を決めて行うようにしていた。また，身体的コミュニケーションについては，子どもの身体に触れることになるので，思春期以降の子どもに行う場合には，同性の教師が行うことを原則とする必要がある。

4　「環境の構造化」か「身体的コミュニケーション」か

　上記の2つの実践例は，どちらも自閉的傾向の強い生徒の実態をよくつかんでおり，子どもの気持ちに寄り添いながら支援を提供しているものであった。実践を積み重ねていった結果，子どもの情緒はそれなりに安定し，学校での教育活動に以前よりも多く参加できるようになったことからも，成果のあった実践報告であると言える。

　しかし，こうした事例から，私たちは自傷の激しい自閉症児には「リラックスルーム」が有効で，不安の強い自閉症児には「身体的コミュニケーション」が有効であったと単純に結論づけることはできないだろう。この実践が成果を上げたのは，AさんとBさんという固有に異なる自閉症児の特性をよく知る教師と子どもとの関係性の中で導き出されたものだからであり，実践に対する評価ももう少し慎重な議論が必要であると考える。

　また，この実践例が成果を上げたもう一つの理由は，教師が子どもの置かれている状況をしっかりと観察し，理解していたからである。Aさんの場合は，他人に対する要求があるのに，上手く伝えられない状況のとき，顔を叩くなどの自傷行為がひどくなっていた。こうした状況を見て，教師は気持ちを安定させるためにリラックスルームを活用した。逆に言えば，リラックスルームから出てきたあとに子どもとしっかりコミュニケーションを取り，子どもの気持ちをしっかり聞くことが重要であると教師がしっかり認識していたからこそ，子どもは教育活動に多く参加できるようになったと考えられる。

　Bさんの場合は，活動と活動の区切りがわかりにくく，新しい活動に移行するときに見通しが持てなくなってしまうので，不安が強くなる傾向にあった。こうした子どもに対しては，手のひらのマッサージなどの身体的コミュニケーションが活動の始まりを知らせることにつながった。このように考えると，Bさんに対しては活動全体の見通しが持てるように，授業全体を構造化してわかりやすくする配慮が必要であった。つまり，身体的マッサージだけが

Bさんの情緒を安定させたのではなく、授業全体にわたって何をすればよいかがわかりやすいように子どもに働きかけることがBさんには重要であったと言える。

つまり、自傷がひどいから「環境の構造化」、不安の強い子には「身体的コミュニケーション」というように短絡的な道筋で支援が提供されていたのではなく、子どもの気持ちを教師が見て取り、活動の前後の状況や周囲の雰囲気など、総合的な情報をもとに子どもとかかわることが大切であったと言えるのではないだろうか。

5　行動上の困難を抱える子どもと関係を築くには

(1)　自閉症児の「生活のしにくさ」＝「学習上のバリア」を取り除く努力

それでは、行動上の困難を抱える子どもへの支援方法を考える際に、教師はどのようなことを考えて子どもとかかわることが必要であろうか。まず、自傷がひどくなったり、不安が強くなったりする背景には、子どもの中に不快感があると捉えるべきであろう。例えば、自閉症児の中には、感覚が過敏であったり鈍磨していたりする子どももいて、これが自閉症児の「生活のしにくさ」につながっているケースがある。

自閉症児の感覚の過敏性については、特定の感覚に見られるわけではなく、「聴覚」「視覚」「触覚」「嗅覚」「味覚」などあらゆる感覚に認められる。もちろん、視覚だけが過敏という人もいれば、複数の感覚に過敏性がある人もいるというように多様である。加えて、過敏な感覚への配慮のみならず、過敏の反対の鈍感すぎるという場合にも配慮が必要なことがある。例えば、ごみなどのとても臭いにおいをかぎたがる自閉症児が存在するが、これは嗅覚が極端に鈍感なために、通常私たちが適度とするにおいの強さよりも強い刺激が入力されなければ臭いと感じないことが原因であると考えられる。こうした、感覚過敏あるいは鈍磨が、通常の活動への参加を妨げる要因となることも考えられるので、環境整備により、学習上のバリアとなっているものを除去する努力が不可欠である。

また、行動上の困難を抱える子どもの「生活のしにくさ」については、感覚の過敏性のみならず、過去の経験（記憶）などとも関係することがある。知的障害を伴う自閉症児などは、理解できない状況の中で無理強いされたりすると、本人にとって嫌と感じた経験が根強く残ってしまう。これが本人の中でうまく統合されずに時間が経過してしまうと、似たような場面に遭遇したときに、記憶の奥底から嫌な記憶が思い出され、パニックや自傷などへと結びついてしまうことがある。

こうした子どもに対しては、「今、ここ」に存在する状況は、過去のものとは異なるものである、ということを子どもに伝えることから支援を開始しなければならない。物理的に環境を構造化して、不安を助長するような状況を取り除くとともに、子どもに安心・安全を感

じてもらえるようにしなければならない。

　教師が安心・安全を感じられる存在であるということを，子どもにわかりやすく伝える方法には，先のBさんの事例で挙げた身体的コミュニケーションなども含まれる。しかし，不安な子どもすべてに対して手のひらのマッサージがよいというものではなく，手を触られるだけで嫌な気持ちがわき出てくる子どももいることを想定すると，子どもとどのような関係を形成していくかということを私たちは個別に考えていかなければならない。

(2) 子どもと教師の関係性の発達を考える

　少し大げさな言い方をすると，子どもと教師の関係性は，出会いを含めたかかわり初期にかかっていると言っても過言ではない。不安の強い自閉症の子どもなどは，最初に無理強いされると，その後，その教師とは関係を持とうとしなくなることもある。かといって，すべてを許容してしまったら，「パニックをおこせばやらなくてすむ」といった誤った学習をしてしまうこともある。

　それでは，どのようなかかわりを繰り返していくと，適切な関係を築くことができるのだろうか？　ここでは，乳幼児の発達研究などを参考にすると，次のようなプロセスが考えられる（次頁，表9-1参照）。

　問題行動が頻発する子どもは，教師と関係が築けていない初期として位置づけられるが，この頃には，教師という存在がほとんど意識されていない可能性がある。子どもに，「この人は自分の味方である」と意識してもらうためには，受容が最も重要な原則となるだろう。しかし，このときの受容とは，すべての行動を「いいよ」と認めることではなく，「いけないことはダメ」としながらも，「あなたのことを大切にする」というメッセージを子どもにわかりやすいように伝えることである。

　こうしたかかわりを繰り返していくうちに，子どもは教師や教室を安全基地として受け止め，そこを拠点にして行動するようになる。もちろん，この行動の中には安全基地だからこそできる反抗的な言動も含まれるだろうが，そうした行動を頭ごなしに否定することのないようにしなければならない。子どもの行動に対して，叱るという応答をしてみたり，無視するという応答をとってみたり，あるいはとことん遊ぶ，一緒に考えるなどといった応答をとってみたりするなど，様々な応答を繰り返していくことが大切である。

　こうした応答の中で，子どもの内面に「どのように行動するか」といったイメージが形成されると，大きな逸脱行動は少なくなる（規範の内面化）。そして，いつもの教師やいつもの教室といった子どもにとっての安全基地だけでなく，そこから少しずつ離れていくことができるようになる。

　適応期に入ると，子どもと教師の関係性はある程度，確立してくる。この時期には，教師は通常のかかわりをすることになるが，あまりにも性急に通常のかかわりを実践しすぎると，

第 9 章 行動上の困難のある子と関係を築く

表 9-1 子どもと教師の関係性の発達

	かかわりの原則	かかわりの際の留意点
受容期	・子どもの存在を受け止めること（子どもが受け止められているとわかるようなメッセージを投げかけること）。 ・「制止」するよりも多く，子どもを「ほめる」こと。 ・子どもの問題行動に対しては「ねばり強く」かかわること。	・問題行動に対しては「完全受容」ではない（生命・発達に影響がでるものについては制止する）。 ・なぜそうした行動を取るのかを観察し，子どもの要求をくみ取る。
応答期	・子どもが教師の存在を意識したところで，多様なかかわりを試みる。 ・子どもの要求を聞きながら，教師の要求も聞いてもらうように働きかける。	・子どもが困っているときに，教師を頼るような素振りを見せるか？ ・最終的には子どもの要求が満たされるように，子どもをガイドしていく。
適応期	・教師と子どもで作ったルールを，少しずつ社会や学校（教室）のルールにしていく。 ・支援することやほめることはこれまで通り継続する。	・社会や学校（教室）のルールを守れるようになるまでには時間がかかるので，焦らないこと。 ・関係ができたと思っても，初期の頃から大切にしていたかかわりは継続する。

＊乳幼児の発達理論を参考にしながら，新井が作成した（参考文献参照）。

子どもの中にストレスがたまり，もとの状態に戻ってしまうこともある。そうしたことにならないように，教師は子どもと築いたルールや関係を，時間をかけて少しずつ社会的なものに広げていくことが大切であると考える。

(3) 子どもと向き合うとはどういうことか？

以上のような子どもと教師の「かかわり」を見ると，単に「環境の構造化」や「身体的なコミュニケーション」を行えば，問題が収束するとは考えにくいことがわかるだろう。もちろん，子どもが不快と感じる物理的な条件を取り除くことや，子どもにわかりやすいからという理由で身体的に働きかけることが有効な場合は多く存在する。しかし，そうした支援はあくまでも方法であって，けっして普遍的なものとは言えない。

行動上の困難を抱える子どもは，不快な気持ちをどのように処理してよいかわからずに「（私たちから見ると）問題行動」として表面化している。このように考えると，行動上の困難を抱える子どもに対する支援には，子どもの気持ちを理解し，その気持ちを受け止め，子どもなりに満足する方法を見つけ出さなければならない。

気持ちを受け止め，子どもなりに満足する方法を見つけ出すのは教師である。人の気持ち

を満足させるには、「他者から受け止められている」と感じることが絶対的に必要であると考えるならば、教師は子どもの行動上の困難に向き合い、様々なかかわりを続けることが何よりも大切なのではないかと考える。

　このとき、議論しておきたいことは、子どもの気持ちを受け止める教師に必要なのは愛情ではなく、「適切な応答」をすることである。愛情があれば子どもは教師についてくる、というような単純な問題ではない。子どもに対する愛情が教師にあるにこしたことはないが、子どもが教師の存在を内面化し、少しずつ教師の枠組みで振る舞えるようになるには、子どもの発信を教師がどのように受け止めたかが重要である。つまり、表情やちょっとしたしぐさから子どもの訴えを察知し、教師がどのようなメッセージを子どもに投げ返していくのか、という応答関係にかかっているのだと考える。

　以上をまとめると、教師の専門性とは「○○メソッド」をたくさん体得することではなく、子どもの状態に応じて適切な方法を選択する力であると考える。事例で挙げたAさんには「リラックスルーム」、Bさんには「身体的コミュニケーション」というように、子どもからの発信に対して教師が適切な環境整備と働きかけを考案していくことができたからこそ、行動上の困難の減少につながったのだと考える。もちろん、子どもの気持ちに適切に応答しながら、「○○メソッド」を提供していくのであればよいが、「○○メソッド」の提供が何よりも先にあるのでは、子どもと関係を築いていくことはできないのではないか。大切なことは、教師が子どもの要求を受け止め、適切に応答すること。とても当たり前のことだが、これが特別支援教育の教師に課せられた最大のキャリアアップだと考える。

注
1）　本章の実践事例Ⅰ・Ⅱは茨城大学教育学部附属特別支援学校高等部の実践である。本文中に同校教諭である八柳千穂氏及び三澤佐登美氏の実践報告を一部改変して引用した箇所がある。

参考文献
・長畑正道他編著（2000）『行動障害の理解と援助』コレール社
・数井みゆき・遠藤利彦編著（2005）『アタッチメント　生涯にわたる絆』ミネルヴァ書房
・小林隆児（2001）『自閉症と行動障害―関係障害臨床からの接近―』岩崎学術出版社
・鯨岡峻（1997）『原初的コミュニケーションの諸相』ミネルヴァ書房

あとがき

　本シリーズ第1巻，第2巻は，特別支援学校，特別支援学級の現場で働く先生たちをはじめ多くの人々から好評を得ました。読みやすい，手軽，知りたいことが書かれている……等が理由のようです。特別支援教育になったけれど，授業はどうなるの？　という問いに正面から答えたものだったからでしょう。

　本書には，カリキュラム編成の理論や考え方を著した章，その具体的な展開を示した章，そして特別支援学校における実践例を収録した章が含まれています。また，重度重複障害の子どもたちの授業づくり，美術や作業学習についても書かれています。カリキュラムを創造する先生たちは，どの章から読み始めてもヒントが得られるでしょう。子どもを伸ばすプロデューサーは，決められた内容をマニュアルに沿って進めるのではなく，考えながら授業をつくり，カリキュラムを開発している人です。そのようなクリエイティブな教師に本シリーズを贈ります。

　ところで今，障害のある子どもたちの授業をめぐる状況はどのようになっているのでしょうか。

　なるべく子どもの事情に左右されないところで授業や教育課程を考えようとする傾向が多く見られるようになりました。それは大人の側，行政の側には都合がよいでしょう。しかし，日々の授業は，子どもの生活事情と結びついていることは明らかです。特にその始まりの時期において，授業は子どもの生活とのアナログでなければなりません。そうでなければ，子どもの生活の一部に授業は組み込まれなくなってしまうでしょう。子どもに直接かかわることをデジタル的な情報に換え，それを教師が操作する，いわば間接的な操作技術が授業の技術なのではありません。

　本シリーズでは，子どもを丸ごと大人が受けとめ，包み込むような授業のあり方を大事にしています。子どもの生活と大人の営みとしての教育に距離を置いてしまうのではなく，今，その条件で生活している子どもたちから出発する授業こそ，特別支援教育の時代に必要と考えます。シリーズ全3巻について，みなさんからのご意見やご批判をお待ちしています。

　本シリーズ全3巻の刊行を快諾してくださった株式会社黎明書房，及び編者・著者の意図を汲み，多岐にわたる分野をコーディネートしてくださった編集部の都築康予さんにお礼を申し上げます。そして，本シリーズに収められている実践の主人公である子どもたちと先生方に感謝いたします。

編者一同

〈編著者〉

湯浅恭正	大阪市立大学大学院文学研究科	第1章
新井英靖	茨城大学教育学部	第3章・第9章
小川英彦	愛知教育大学教育学部	
高橋浩平	東京都世田谷区立烏山小学校	コラム
広瀬信雄	山梨大学教育人間科学部	第2章

〈執筆者〉

木村重文	茨城県日立市教育研究所	第8章
堺るり子	香川県立香川東部養護学校	第4章
田口眞弓	長崎大学教育学部附属特別支援学校	第5章
成田 孝	特別支援学校ねむの木	第6章
廣木恒夫	茨城大学教育学部附属特別支援学校	第7章
八柳千穂	茨城大学教育学部附属特別支援学校	第7章
三浦悦利子	茨城県立勝田養護学校	第8章
宮井清香	山梨大学大学院	第2章

〈中扉イラスト〉

新山直人（茨城大学教育学部附属特別支援学校中学部生徒）
羽石遙香（茨城大学教育学部附属特別支援学校小学部児童）
藤枝璃早（茨城大学教育学部附属特別支援学校小学部児童）

＊所属は刊行時のものです。

特別支援教育のカリキュラム開発力を養おう

2008年7月20日 初版発行

編著者　湯浅恭正 他
発行者　武馬久仁裕
印　刷　舟橋印刷株式会社
製　本　協栄製本工業株式会社

発 行 所　　株式会社 黎明書房

〒460-0002 名古屋市中区丸の内3-6-27 EBSビル
☎052-962-3045　FAX 052-951-9065　振替・00880-1-59001
〒101-0051 東京連絡所・千代田区神田神保町1-32-2
南部ビル302号　☎03-3268-3470

落丁本・乱丁本はお取替します　　ISBN978-4-654-01788-1
Ⓒ T.Yuasa, H.Arai, H.Ogawa, K.Takahashi & N.Hirose
2008, Printed in Japan

特別支援教育の子ども理解と授業づくり ―授業づくりを「楽しく」はじめる教師になる B5／103頁　2200円	高橋浩平他編著　特別支援教育キャリアアップシリーズ①／障害・発達に関する知識と楽しい授業づくりの実践など。特別支援教育に第一歩を踏み出す教師のための本。
特別支援教育の授業を組み立てよう ―授業づくりを「豊かに」構想できる教師になる B5／100頁　2200円	小川英彦他編著　特別支援教育キャリアアップシリーズ②／授業設計，教材・教具の開発，障害特性に配慮した指導方法等を紹介。中堅教師のさらなる技量アップのための本。
特別支援教育の **授業づくり46のポイント** A5／124頁　1800円	太田正己著　「教材づくり」「発問の仕方」「学習活動の工夫」等，特別支援教育の授業の専門家として，押さえておきたい46のポイントを解説。
特別支援教育のための **授業力を高める方法** A5／150頁　1900円	太田正己著　授業力を高めるのに効果的な授業研究の方法や，授業のコンサルテーション，個別の指導計画，自己決定を重視した授業展開等について詳述。
障害児のための個別の **指導計画・授業案・授業実践の方法** B5／135頁　2500円	太田正己編著　障害児の授業＆学級経営シリーズ①／知的障害児のための「個別の指導計画」を生かした授業づくりの考え方と，養護学校・小学校障害児学級での実践を紹介。
障害児と共につくる **楽しい学級活動** B5／140頁　2600円	太田正己編著　障害児の授業＆学級経営シリーズ②／学級びらきから学級じまいまでの「学級活動の１年」，朝の会から帰りの会までの「学級活動の１日」の流れにそった実践を紹介。
名言と名句に学ぶ障害児の教育と **学級づくり・授業づくり** A5／218頁　2400円	太田正己著　障害児教育にたずさわる教師を励ます先人の生き方を語るとともに，障害児教育における学級づくり・授業づくりの技術のエッセンスを簡潔な言葉で紹介，解説。
授業案作成と授業実践に役立つ **特別支援学校の授業づくり基本用語集** A5／116頁　1800円	太田正己著　特別支援教育に取り組む教師が，授業者として理解しておかなければならない基礎・基本を，21の基本用語とその関連事項をもとに，授業案作成の手順に沿って解説。
特別支援教育の授業研究法 ―ロマン・プロセス法詳説 A5／272頁　6300円	太田正己著　歴史的・文献的・実践的研究に基づいて，著者独自の授業批評の方法「ロマン・プロセス法」を構築し，その障害児教育の授業改善への有効性を実証。

＊表示価格は本体価格です。別途消費税がかかります。

発達に心配りを必要とする子の育て方

A5／240頁　2800円

松田ちから著　乳幼児期からの教具，歌や遊びを多数紹介。言語・着脱・排せつ等が自然に身につく技法等を解説。『発達に遅れのある子の育て方』増補・改題。

障害児のための手づくりおもちゃ

B5／164頁　2000円

芸術教育研究所編　障害児教育＆遊びシリーズ①／知的・身体的に障害のある子どもの発達段階に応じたおもちゃ68種。用意するもの，作り方，遊び方をイラストを交えわかりやすく解説。

障害の重い子のための「ふれあい体操」（CD付）

B5／76頁　2400円

丹羽陽一・武井弘幸著　障害児教育＆遊びシリーズ④／養護学校の実践から生まれた「ふれ愛リラックス体操」「ふれ足体操」「ふれっ手体操」などのねらい，留意点，やり方を図を交え紹介。

障害児のための授業づくりの技法
―個別の指導計画から授業研究まで

B5／128頁　2300円

太田正巳編著　障害児教育＆遊びシリーズ⑤／「訓練」「療法」ではない，障害児のための授業づくりのプロセスを，養護学校での実践に基づき紹介。個別の指導計画と授業づくり／他

イラストでわかる障害児のリトミック指導

B5／172頁　2700円

望月勝久・山浦達雄他著　障害児教育＆遊びシリーズ⑥／障害児の心と身体の発達に効果的なリトミック指導を自然動作反応，模倣動作反応，遊戯，総合に分け紹介。図と楽譜付き。

障害児の遊びと手仕事
―遊具・教具のつくりかた

B5／156頁　2500円

森哲弥著　障害児教育＆遊びシリーズ⑦／重度障害の子どものさまざまな条件にあった65種の遊びや手仕事を紹介。また，遊具・教具の作り方と遊び方を，イラストを交え詳しく解説。

かたち・ことば・かずのあそび90〈小学生〉

B5／199頁　3100円

芸術教育研究所編　国松五郎兵衛著　障害児教育＆遊びシリーズ⑧／あそびを通して知的障害児の形，言葉，数に対する認識力を段階的に高め，理解の基礎を育てる指導法を紹介。

高機能自閉症・アスペルガー障害・ADHD・LDの子のSSTの進め方
―特別支援教育のためのソーシャルスキルトレーニング（SST）

B5／152頁　2600円

田中和代・岩佐亜紀著　生活や学習に不適応を見せ，問題行動をとる子どもに社会性を育てる，ゲームや絵カードを使ったSSTの実際を詳しく紹介。ルールやマナーを学ぶSST／他

障害児を育む楽しい保育
―子どもの理解と音楽あそび

B5／96頁　2200円

伊藤嘉子・小川英彦著　障害児保育の目的やカリキュラム等を解説。手話表現を交えながら歌に合わせて行う「表現あそび」他，指導に役立つ音楽遊びを多数紹介。

＊表示価格は本体価格です。別途消費税がかかります。